舵手证券图书
www.zqbooks.com

知浪领航财富人生

舵手俱乐部 www.duoshou108.com

日本合气交易法

杰弗里·泰伊 著

康 兰 何广华 译

山西出版传媒集团
山西人民出版社

图书在版编目(CIP)数据

日本合气交易法/(美)杰弗里·泰伊著；康兰，何广华译. --太原：山西人民出版社，2016.8
ISBN 978-7-203-09653-5

Ⅰ.①日… Ⅱ.①杰… ②康… ③何… Ⅲ.①股票交易-研究 Ⅳ.①F830.91

中国版本图书馆CIP数据核字(2016)第150355号
著作权合同登记号　图字：04-2016-011

日本合气交易法

著　者：	(美)杰弗里·泰伊
译　者：	康　兰　何广华
责任编辑：	孙　琳
出 版 者：	山西出版传媒集团·山西人民出版社
地　址：	太原市建设南路21号
邮　编：	030012
发行营销：	0351-4922220　4955996　4956039　4922127(传真)
天猫官网：	http://sxrmcbs.tmall.com　电话：0351-4922159
E-mail：	sxskcb@163.com　发行部
	sxskcb@126.com　总编室
网　址：	www.sxskcb.com
经 销 者：	山西出版传媒集团·山西人民出版社
承 印 者：	大厂回族自治县德诚印务有限公司
开　本：	710mm×1000mm　1/16
印　张：	13.25
字　数：	170千字
印　数：	1-5100册
版　次：	2016年8月　第1版
印　次：	2016年8月　第1次印刷
书　号：	ISBN 978-7-203-09653-5
定　价：	42.00元

如有印装质量问题请与本社联系调换

译者序

在很多人看来,交易是一门复杂的学问,需要学习各种高深的理论知识,有些投资者找了很多五花八门的理论书籍来读,但依然感觉茫然,应用时难免生搬硬套。

投资理论的学习和应用,需要找一个能与作者思维接通的"共鸣点",而后才能打通自身"财商"的"任督二脉";也就是说,学习投资理论应找到一个更贴近历史、人文、生活的解读途径,在感悟人性的过程中领会理论精髓,"活学活用"便不再是难事——从这个意义上讲,"巧读"比"多读"重要得多。这其实是一个鉴别、选择问题。

虽然不能算投资专家,但作为浸淫金融市场尤其是期货交易市场8年多的人,我自认对金融投资理论还是有一定选择能力的,也比较善于"巧读",实际上,我更倾向于将交易和哲学、人文、自然结合在一起:毕竟,交易是人的决策,是众多投资人的决策集合在一起的体现,只有将人性、文化背景摸透,并通过对最原始自然生存法则的深入理解,才能更好地在金融市场上生存、发展。

最初选择《日本合气交易法》这本书来翻译，主要是出于对交易的热爱，以及非常认同本书将投资交易与武术哲学相结合的理念。我一直对日本蜡烛图的历史、日本合气道（柔道的一种）武术的文化渊源很感兴趣，加之大学形成的还不错的英语、日语基础，理解书中的各种历史故事以及其中贯穿的理念都相对轻松，而多年的交易经验，也使我对本书作者的交易理念能有较深的了解，常有感同身受的共鸣。在我看来，无论从实用性还是哲学性方面来说，《日本合气交易法》都值得投资者一读。

本书第1章将合气道的武术理念与对市场技术分析的理论解说相结合，非常生动地展示了将合气道应用于交易的精妙之处，即跟随趋势、敌弱我强、敌强我柔，顺应市场，才是制胜法则。

本书第2章到第8章介绍了交易初学者需要掌握的几个基本"招数"，如蜡烛图、区间震荡、单边趋势、区间突破等几种常见形态，以及震荡指标、斐波那契数列和比值、成交量等技术指标。通过形象的解读、具体的举例，作者将原本生硬的理论变得更易理解，更方便初学者学习和运用。

本书最后两章主要介绍了风险管理和交易心理，是前面章节内容的延伸和升华。书中提到，人性是趋乐避苦的，一般人都倾向于"付出少许努力就期待立即成功"，而这是要受到市场惩罚的，对此，作者提出忠告，要在交易中取得成功，就必须付出巨大的努力，去克服人性的懒惰和贪婪。书中还强调将交易体系这个复杂的问题简单化、分解化，从常用的"入门招数"开始理解，就如同练武者通过将一套"武林秘笈"一招一式分解开来，反复练习达到熟练，逐步领悟其中道理，最后将武术招式内在化、融会贯通，并做到本能地对对手（市场）做出反应（条件反射）。

本书还介绍了交易理念层面的重要思想，即"有所为有所不为"：我们不可能短时间内学会所有武术招数，也不可能强迫对手一定按照我们会回击的招式来出手，我们只能选择耐心等待，只做比较熟悉的、较为确定的、胜率较大的交易；同时，通过不断学习，增加我们对市场的了解，积累对"盈利逻辑"的更多认识。

总之，相比于一般的交易理论书籍，《日本合气交易法》不但具备更多的实操性，而且能引发投资者针对交易心理的很多哲学思考——在很多情况下，后者对投资者更重要。

最后，希望这本书能在你书架上占有一席之地，帮助作为交易初学者的你建立对市场的正确认知体系，或者帮助在交易中有一定积累的你从武术这一新角度去思考交易的本质，即敌弱我强、敌强我柔，这也是自然生存法则。

康　兰

2016年4月8日于广州

推荐序

我非常荣幸能为杰弗里·泰伊的这本书作序。

杰弗里是我在新加坡认识的第一个朋友,但我会客观公正地去努力写作,并以此为豪,这篇序也不例外。

第一次见到杰弗里,是我在新加坡首次公开演讲的时候,那次他出席了我主持的第一场研讨会。杰弗里告诉我,他最初不接受我所陈述的观点,因为我所说的与他过去所相信的是相抵触的,不过,杰弗里注意到了我的一些评论带给他一些新观点,尽管这些观点是与根深蒂固的习惯相违背的。他没有立即接受那些观点——过于简单的改变是没有太多价值的,但最终,他把我的一些观点与他自己的想法融会贯通。结果在这本著作中显现了。我认为杰弗里已经青出于蓝胜于蓝,他最近被新加坡交易所(SGX)研究会聘去讲课,成为一名一流的讲师。

你正在阅读的这本书,展示和反映了杰弗里作为一名交易者和讲师的经验,我相信这书在你的书架上会占有一席之地,如果你是一名刚尝试交易的新手,那这本书就更值得你认真地学习。这本书不同于其他诸多关于成功交易的书，为什么这么说呢？大部分书都是从一个交易的视角着墨——通常是交易计划，但是，30年市场经验告诉我，成功的交易源于保持交易计划的一致性，这些计划是有边界的，并且是一套能控制和管理交易者风险的风控规划。

杰弗里在交易计划和风险管理计划方面做得非常优秀，他称职地提出了一名交易者能够保证一致执行力的建议。我之所以喜欢这本书，是因为杰弗里能把一些复杂的问题简单化。这项工作并不容易。尽管我没有测试过他的一些计划，但我凭借多年的经验可以看出：他的计划具备所有优秀、稳健的交易计划应该包含的关键要素。

关于风险管理，你至少能够通过本书加深对风险预期公式的理解。大部分初学者之所以失败，是因为他们未能领会到风险管理在交易当中的重要性。杰弗里出色地把风险管理的问题化繁为简，而这可以视作本书为各位读者奉上的引人入胜的礼物。

对冲基金经理、《趋势的本质》的作者
雷·巴罗斯
2010年4月

前　言

东方哲学把多才多艺和见多识广的人，赞美为有修养的人。在古代，有修养的人被定义为文武双全的理想人物，更通俗地说，就是"力量"和"头脑"并重的理想结合体。

自第一次了解后，这种思潮就引起了我的共鸣。

我通过武术锻炼去领悟"力量"一语，并且发现日本武学技术和哲学在合气道和剑道中得到高度体现。在日本，这些尚武的传统被称之为"武道"，意思是"武术之道"。

最初，我通过学习古典吉他、象棋等去探究文学，并最终追求探索交易能力。

在多年的实践后，我已经认识到所有人尝试获得成功的基本原理是不变的，无论是身体还是大脑。我们都需要去知道和理解所选活动的技术因素，而这技术只能通过日常和持之以恒的联系才能达到，同时，我们也必须要有一股与生俱来的和强烈的渴望去实现理想，这将会鼓舞、鞭策、驱动我们前进，尤其是面对困难和挫折的时候。

我也开始明白学无止境。我们知道得越多，就越意识到我们知之甚少。有些人或许未能付出成功所需要的能量和努力，但是那些将获得成功的人需要从某个位置开始起步。正如道家的创始人老子所说，千里之行，始于足下。

我希望这本书能为你在交易能力的研究、探索和追求上提供帮助，并使你最终达到精通交易。我曾在痛苦的损失中吸取了教训，那是一段让人感到非常羞辱的经历。如果本书中的原理和方法能够帮助你安全地驶过交易中广泛存在的危险领域，我将十分高兴。

探路人知道哪里有危险的流沙、岩石和浅滩，如果你把我当做在交易能力成长路上的向导和探路者，我将会感到非常开心。

本书中的看法和观点仅是一己之见，如有不足欢迎各位批评指正。

免责声明：本书中的所有图表是由市场分析者6（Market Analyst 6 charting software）绘图软件绘画，感谢市场分析者授权使用。

DealBook®3360屏幕截图授权自全球外汇交易平台（Global Forex Trading，以下简称"GFT"）。GFT与约翰·威利父子出版社（亚洲）是分开的、独立的公司。GFT的DealBook®360交易软件只供GFT的客户免费使用。但是，GFT并不对本书中提供的信息负责，其中责任由约翰·威利父子出版社（亚洲）单独承担。无论使用GFT的DealBook®360交易软件与否，外汇交易都会带来巨大的损失风险。

致 谢

无论是武术还是交易,我都有很多向不同导师学习的机会,从他们每一位身上,我学到了不同的方法,了解到不同的观点。

在此我特别感谢两位曾经并仍然在帮助我进步和成长的、独一无二的先生。

朗尼·奥克斯曾经是我的武术导师,日语称之为"先生"(sensei),他教会我真剑道(日本的剑术)。朗尼老师不仅授予我真剑道的技巧,更重要的是他以自己为例,与我分享了武术的哲学,这些哲学理念至今仍被我认为是在任何生命活动中获得成功的关键要素。

有个具体的事例值得提一下:那一天,我和朗尼先生都提前到达教室。朗尼老师从一系列基本(但有难度)的拉伸动作开始热身,我并没有仿效他的做法,而是从一系列的剑术训练开始。朗尼先生阻止了我,同时指出我的身体并非处于运用好剑术的良好状态。基础拉伸训练能提升身体柔韧性和灵活性,这正是我需要去努力提高的。他恰当地提醒了我,使我避免做让自身感到难受的事情。

我立刻认识到什么是我需要去提高的。我需要改善弱点，切实避免那些我天生不喜欢的领域，因为这些领域有着无法克服的困难。朗尼老师提出的、至今仍然能引起我共鸣的建议就是：必须做我不喜欢的事，并且经常去做，并最终自然而然地随时日变得简单和自然。渐进式的改进只能通过这种方式实现，到那时候我们需要不断地寻找并克服新的困难，以此来拓展知识和提升能力。

真的非常感谢朗尼老师。

在交易方面，我最初总是幻想着获得一项一定成功、永不失败的技术，幻想着所有的交易都将一直成功。我不停地寻找，并且遇到了经验丰富的交易者，有些交易者慷慨地向我分享了不同的方法和观点。历经多年的摸索，我认为没有能马上掌握和永不失败的秘诀和必杀技。

非常幸运，我最终还是遇到了雷·巴罗斯，是他把我引导到专注于方法、风险管理和思想理念三融合的正确方向上。在雷的交易方法中，我意识到要运用反复强化练习的武术理念，以及获得交易成功的方法和习惯。雷不仅与我分享、向我讲授了他的方法，更重要的是他教会了我根据概率去思考问题。对此，我心存感激。

感谢雷，我的交易老师。

尽管如此，雷将会首位承认，他的成功是建立在既存的、借鉴他人的方法和知识基础上。基于这样的思路，我也一同感谢所有教导和影响朗尼老师和雷的人，没有他们，我同样不可能沿着这条道路探索，也不会到达这一阶段的旅程。我特别要感谢真剑道的创始人小幡利城先生，以及编写《市场规则》的彼得·史代梅尔先生。

感谢小幡老师和史代梅尔老师授予了我这些课程，并最终引导了我。

我也非常有幸在新加坡交易所和国际真剑道联合会任教，我所

致　谢

从事教学工作有利于提升我对武术和交易的理解。

本书中的绘图是我两位真剑道学生的作品，他们分别是 Deepak Ram Ayengar 和 Yong Jie Yu，他们画得非常出色，这些悦目的图案将有助于读者更好地理解应用于交易的武术理念。我真心感谢他们二位。

我希望读者将从这本著作有所收获。我诚挚地感谢曾经，或在未来将要与我一同学习的所有人，我谢谢你们帮我变得更好。

同时，我也要感谢负责这个项目的编辑格雷丝·蓬迪克。我深深地谢谢她在改进本书内容的铺排和展示方面所提供的帮助和建议。

我也要感谢我的家庭：在你们所有人的支持下，我度过了不安的时期和困难的环境——感谢你，克里·阿尔杰农和阿纳斯塔西娅。

目 录

引 言 ………………………………………………………… 1
第1章 合气道 ……………………………………………… 7
第2章 蜡烛图 ……………………………………………… 17
第3章 区间震荡形态 ……………………………………… 27
第4章 单边趋势形态 ……………………………………… 55
第5章 成功的区间突破 …………………………………… 83
第6章 运用震荡指标 ……………………………………… 105
第7章 在交易分析中应用斐波那契数列和比值 ………… 129
第8章 成交量及对其的解读 ……………………………… 151
第9章 风险、资金和交易管理 …………………………… 167
第10章 关于交易心理学 …………………………………… 189

引　言

　　这本书是为了那些搜寻理解市场行为的基础读物、并把这类知识应用至金融市场交易的认真的初学者而写的，书中涉及的概念都是基于作者在新加坡交易所研究院所用的专业基础课程。

　　重要的是，作者清晰地陈述了什么是本书将会或将难以实现的，以便让读者决定这是不是所需要和渴望的。也许以下例子将更好地阐明作者的意思。

　　在日本武术的学习中，初级学生经常会被教授一项基本技术。学生学习并内化这项基本技术，是为了使他能够应对一个特定的战斗环境。如果这一战斗环境被改变了，那么这项初始的技术或许不能为学生提供符合要求的解决方法。学生需要学习一些新的技术，并与已有的知识融会贯通，进而拓宽他所理解的战斗环境，并能对新的战斗环境准确做出反应。

　　交易以及我教导的和学习的交易技术同样如此。金融市场是复杂的，市场行为方式也是复杂的。对于任何初学者来说，及时掌握复杂的市场行为是极其困难的。合乎逻辑的解决方法是，把错综复杂的事情分解成一块块简单理解的基础问题。随着学生的进步，他们需要在现有知识的基础上获得更多的知识，以便理解更为复杂的情况。

显然，通往精通级别的道路（无论是武术还是交易）都将伴随着大量的努力和付出。起跑的人很多，但最终冲过终点获得成功的，往往是有决心的极少数人，因此，假如你正在寻找成功的捷径，或者你相信掌握交易是轻而易举的，那么本书可能并不适合你。

日本合气交易法的哲学理念

本书把在金融市场的交易和合气（日语中意为"和谐"）的原理和哲理联系起来理解。合气道就是最好理解合气概念的一项武术。

合气道和任何其他武术中所表达的生活哲学，实际上也提升了该项武术修炼者的核心价值观和塑造了他们的性格品质。这些价值观和特质有很多，但是纪律、韧性、专注和守诺是专注修炼武术的学生必将塑造和培育起来的几项价值观和特质。这几项也同样是在其他人生奋斗中获得成功的基本要素，金融市场中的交易也不例外。

经过多年的实践后，我注意到了日本武术和金融交易两者在原理和哲学理念中的相似点。

从表面来看，漫不经心的旁观者也许会说两者的纪律是截然不同的。但是，长期的从业者则能找到很多共性。

引 言

理查德·麦考尔在他撰写，由约翰·威利父子出版社出版的《冷静自信的交易策略》（The way of the Warrior Trader）一书中，把这些共同点归纳为行动法则（ACTION）。我借鉴和修改了这一法则，并将其表达为成功的武术家和交易者赖以为生的原理。

"A"代表容忍（Acceptance）

武术家必须能忍受走向精通级别过程中的痛苦和训练场上的伤痛，有追求的交易者则必须接受在不确定的交易领域中损失和收益都是唯一结果的事实。痛苦和快乐将是他学习经历中不可或缺的一部分。无论是武术家还是交易者，都必须接受一个事实，那就是在通往精通级别的道路上将需要足够的时间、努力、能量和资源。中国的武术修炼者将能从他们的术语中找到相同的说法——"吃苦"。

"C"代表冷静（Calmness）和清晰（Clarity）

冷静和清晰是所有武术修炼者致力追求的境界。冷静的战士在面对冲突和对抗的挑战时，能保持清醒的头脑。一个清醒和冷静的头脑，使武术家能在面对危险时能做出熟练的反应。同样地，冷静和清醒的交易者将会更好地做好正确应对金融市场中熟知的情绪化危机的准备。在过去，贪婪、希望、恐惧和绝望已经摧毁了许多交易者，未来将继续摧毁有志气的交易者。成功的交易者必须通过冷静和清醒的头脑、情绪和行动，去应对这四大人性弱点。

"T"代表相信训练（Trust in Training）

武术家相信，在战斗中他的训练将带来正确的制胜回应，同样地，持之以恒练习良好训练方法的交易者，最终将获得自信，并相信他的能力来自严格的训练。

"I" 代表想象（Imagination）

在任何工作中，每一位获得成功的人物都必须有成功的信念。信念必须从想象开始。成功的武术家或交易者都必须通过想象，把他所向往的成功具化和可视化，并与专注和刻苦的努力结合起来。"我思故我在"是对成功人物的精神激励。

"O" 代表只要（Only）

过去我一直与真剑道剑术导师朗尼先生一起训练，我们一直使用木刀练习对打。老师的攻击很迅速，面对他的攻击，我的头脑和身体都难以准确、及时地做出反应，为此，老师告诫我："别活在过去，那已经结束了，忘记它吧。"此后又一次与他练习对打，我试图预判他的攻击，然而，我并未能成功防守住我所预判的对方的进攻方向，反而被意想不到的攻击所击中。此时，老师再一次告诫我："别活在未来，那尚未发生！只要活在当下。"对于有志气的交易者来说，"只要活在当下"是一句不错的真言。活在过去亏损的痛苦或过去的自豪，都不会带来成功所需的心态变化。活在以眼前得失想象的未来，同样是不利于个人成功的。我们需要吸取过去的教训，合理地憧憬未来，而非着眼于眼前的得失。

这点对一名交易者来说尤为重要。当市场与最初希望的结果呈相反方向运动时，许多交易者都是活在过去，并且继续祈祷他们所渴望的结果能够出现，而忽略了现实中正在发生的事情。那时交易者也有一些机会去预测市场可能发生的动向，有效地"活在未来"，而非等待激活和启动他"活在当下"的交易方法，他们会觉得已经进入了交易预期，然而不久后又会发现，合适的交易信号并未真正出现。

"N"代表绝不（Never）

武士精神意味着战士总是时刻准备好面对死亡的状态。这并不是说武士是不健康或忧郁的，相反，武士是要拥抱生命和好好生活的。一名武士必须活得无悔无憾才不枉此生。武士的信念是，一旦开始行动，绝对不要回头。对于交易者来说也是如此，一旦处于交易状态，绝不回头或后悔当初。合气交易者的交易原则要求从业者理解市场行为的本质，并在操作中与市场相协调。

在一个持续上升的趋势中，我较为喜欢的合气交易方式是在回调中买入。合气交易者往往在回调尾声入场，并攻击虚弱无力的卖家，同时在与主要上升趋势保持一致。同样地，在一个持续下跌的趋势中，合气交易者逢反弹卖出。

在一个持续保持区间震荡的市场中，合气交易者将会精确地在低位买入和高位卖出，因为他看到在支持位上卖方力量变弱，在阻力位上买方力量弱化，这就让他有机会向较弱的一方力量发起直接攻击。

合气交易原理要求交易者完整地执行他所制订的交易计划，这项计划必须基于对市场行为扎实的基本理解；换言之，要想在交易中获得成功，真的需要从业者在生活的方方面面做到：

1. 知要所为
2. 做你所知
3. 力求完美

切记，没有高招，没有秘诀，也没有仙药让人立刻获得成功——只有决心和正确稳健的实践方法才能帮你最终掌握技巧、获得成功。

第1章　合气道

第1章 合气道

历史

说起现代"合气道"的历史渊源，可以追溯到古日本的武术传统。尽管并没有官方的书面文件记载合气道的历史，但我们通常认为合气道是被口口相传下来的。本章所介绍的合气道版本的历史根源，是经过国际剑道联合会许可的，也非常接近口口相传的传统。

在12世纪的日本，有一对兄弟叫源义光和源义家，他们是当时有名的武士，有着日本清和天皇（公元858—876年在位）的血统。当时的日本天皇将"源"这一姓氏赐给未能继承其皇位的皇子们。

为了提高自身武艺，这一对兄弟对人体及骨骼功能的科学原理进行了深入研究，他们解剖了无数具当时在战争中死去的人或俘获的战俘的身体进行研究。在掌握人体力学知识后，他们设计了一些能够在战斗中应用的武术技巧，这些技巧被统称为"大东"，因为他们祖先所居住的地方叫"大东间"。这对兄弟将这些技巧传授给他们的家族成员。在15世纪，他们家族的一个分支成立了一个叫"武田甲斐"的省份，后来这个源家族的分支改姓"武田"。

当时到处是战乱和冲突，人们靠会武术技巧来获得生存，而这些技巧必须是在实战中有实际作用的。在日语中，武术技巧叫做

"术",这些技巧必须是实用性强,而且能够一招置人于死地的,尤其是当胜利意味着生存、失败意味着死亡时。当时的武术鲜有用于精神和性格方面修炼的,在这方面的哲学思想和想法也比较少。不过,随着时间推移和社会文明的进步,武术练习更多地用于精神和性格方面的修炼,而不是用于战斗。

传说合气道的根源是从一种基于刀剑和长矛的格斗艺术,这种技巧常用在战场上,对付穿着盔甲的敌军。当时,空手格斗技术的练习是排在武器艺术之后的,一种叫做"合气术"的训练,是这种空手格斗技术中更高级的一种。研究表明,将"合气"与"技术"一词组合,是为了显示武术从以刀剑为基础向以徒手战斗技术为重点的转变。柔术作为更基础、更统称的一种空手格斗技术,可以作为攻击使用,而合气术在性质和应用方面更加具备防御性。因此,合气术更多是专属于更高地位的武士。这些武术技巧进一步随着时代的需求而演变,最终在16世纪的武田家族转变成"宫殿术",是一种在宫殿内使用的武术。比较有趣的是,当时在宫殿内使用武器是被禁止的,因此空手格斗技术在这些安全意识较强的地点得到广泛使用。

会津藩的刀剑武术老师武田国次将这些武术传授给了藩族里符合条件的成员们,如高级家臣、官员以及武将们,他们在当时日本军方政府——德川幕府的所在地江户城里做事,练习合气术主要是作为一种防御技术。随着时间的推移,武田家族的武术传统最终在明治时代(19世纪晚期)成为较为著名的"大东流合气术"。

武田惣角生活在明治时代(1868—1912),那时日本社会正在经历巨大的变化。本来处于封建社会的日本,突然间被拖入了工业时代。国际贸易协定的达成使得日本逐步对外开放,西方工业化的生活方式渐渐渗透到日本社会,社会地位和阶层的概念也在逐步消失。当时日本政府的目标是，在最短的时间内将日本从一个落后的封建社会国家发展成为能够与当时西方殖民帝国相抗衡的工业和殖民强国。

为了实现这个目标，日本社会和社会习俗都经历了巨大的变化。明治维新期间发生的一个巨大变化，就是禁止在公共场所佩戴刀剑。这一禁令深深地影响了原来统治日本社会的武士阶层，他们认为这是被集体"扫了一耳光"，毕竟在当时看来，在公共场所佩戴刀剑是武士阶层长期拥有的特权。武田惣角看到这些变化后，将大东流合气术的重点从统治阶层的专有武术，变成了人人可以练习的武术。这些变化带来的结果就是，大东流合气术变得非常流行，武田惣角也被认为是大东流合气术的复兴者。

武田惣角一生训练并培养了一批非常优秀的武者。其中一个非常有天赋且很有成就的学生叫植芝盛平，他最终创建了现代的合气道。

第二次世界大战前，植芝盛平一边勤恳地传授大东流合气术给他的学生们，一边开始修炼自己风格的合气道。

第二次世界大战结束后，日本社会出现一波普遍对武术等任何形式的好战活动都予以否认的风气，不过，当人们逐渐从战争的阴影中恢复，禁止武术等艺术传统的禁令被解除。植芝盛平恢复合气道的教学，并进一步设计和完善这一门武术分支，直到他1969年去世。

无论是从武术技巧还是从思想精髓方面来看，植芝盛平的合气道都是在更好战的大东流合气术的基础上演变过来的。在日语里面，"道"是指一种生活方式，"术"意味着要尝试战胜对手、获得决定性的胜利。如果这种胜利需要置对方于死地，那么就必须这样，而合气道更为温和优雅，它通过展示一个更优的技术、更果断的决策、更精准的时机把握来获得决定性的胜利，并控制住对手，一旦对手意识到抗争无果而放弃反抗时，合气道练习者便会主动释放对手，双方都能够活着离开战斗场。

合气道的原则和方法

早期的东方哲学家常常思考生命和宇宙，他们观察到任何事物的运行都存在双重性。阴阳八卦可以象征这种双重性：光明和黑暗、力量和软弱、白和黑、生和死都是这个标志所代表的非常普遍的几个例子。这种思维和哲学思想也在武术的理解和技巧方面体现出来。

在合气道里，核心的信念可以这样来表述：

- 如果你的对手很弱，那么可以采取强攻，也就是说，他弱我狠；
- 如果你的对手很强，那么请与他和谐相处，融为一体，也就是说，他强我柔。

因此，合气道的成功关键在于了解对手的状态。一个合格的合气道练习者，凭借专注的练习和更为高超的技术能力，能够准确地判断对手是强是弱，何时失去平衡，只有这样，他才能选择正确的技巧来回应对手，和谐地处理面临的危机。

下面这些图示"控制弱势力量"展示了如何控制弱势对手的基本技巧。通过准确地评估对手的弱势，直接前进、扭转对手，并将对手从他原来的路径上甩开。

第1章 合气道

图 1-1　控制弱势力量

现在我们可以想象一下，这种合气道的技巧如何在交易中得以应用：

如果一名合格的合气交易者，凭借专注的练习、高超的技术能力以及精准的时机把握，能够判断卖方力量较弱，他需要加入强势的买方力量时，他可以不顾弱势的卖方力量而直接进入市场，扭转、甩开对手，并反转弱势的卖方力量；相反地，如果合格的合气交易者能够判断市场的买方力量较为弱势，那么他可以参与强势的卖方力量，击退弱势的买方力量，并反转市场行情。

现在我们看一下"与强势力量在一起"的图示。

这里，一个强势的对手冲进来了。合气道练习者评估到这个对手很强势，不可阻挡，但凭借合气道练习者的专注练习、高超的技术能力和精准的时机把握，他能够与这一股强势力量和谐相处、融为一体。就交易而言，如果合格的交易者评估到市场处于强势上涨的趋势，他将会寻找合适的方法去买入，来迎合市场，而不是对抗强势力量来卖出。同样，如果市场处于低迷的熊市，跟随市场卖出将是明智的选择。

这两个合气道的例子，形象地展示了合气道给交易带来的启示。作为运用合气原则的合格交易者，我们要谨记这些核心理念，来引导我们的思考和行动。在本书接下来的章节里，我们也会反复提到这些图示，来强化对一些合气交易理念的理解。

第1章 合气道

图1-2 与强势力量在一起

第2章 蜡烛图

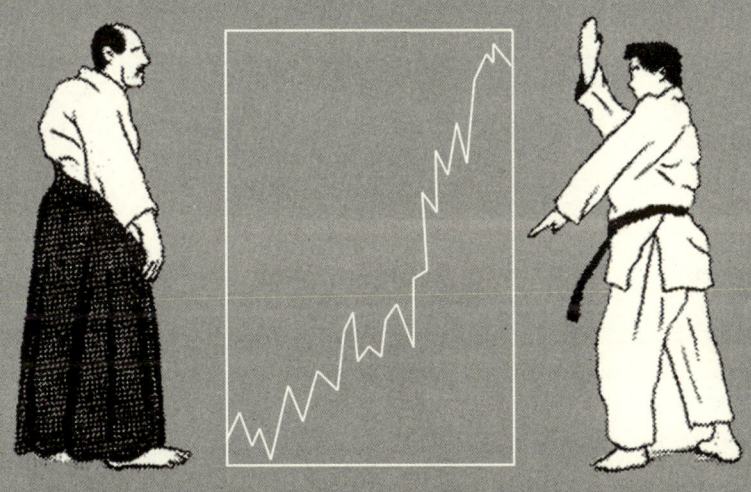

第 2 章 蜡烛图

日本封建思想及其对日本蜡烛图演变的影响

历史表明,人类是本性好战的物种,日本人也不例外。日本的历史充满了宗族、地域和军阀的斗争史,不过,他们将面对战争的方法和思维方式与交易的方法及思维方式很好地联系了起来,为如今对交易的认识和分析做出了一定贡献。

众所周知,封建时代的日本经历了一段愈演愈烈的内战,也就是战国时代。这段时期持续了100年之久。这段时间(16世纪到17世纪之间)里,大名(日本封建时代的大领主)为了争权夺势、抢占地盘,发起了一场又一场内战。詹姆斯·克拉韦尔在他的一本畅销书《幕府将军》中,把这一时期的历史故事经过改编后展现在普罗大众面前。

织田信长是当时的大名之一,他差一点就要取得统一日本的全面胜利了,但不幸地被他帐下的重要将领明智光秀背叛,此人带领部分兵力谋反,织田信长失去领导地位后自杀。然而,明智光秀尝试获得大权的努力却并未成功。织田信长手下最重要的两名将领,丰臣秀吉和德川家康将织田信长的其他兵力联合起来对抗明智光秀,最终取得胜利。尽管德川家康名义上是丰臣秀吉的下属,但实际上当时是一种两级抗衡的、充满着紧张气氛和阴谋的政治状态。

历史上，织田信长、丰臣秀吉和德川家康三人被认为是日本的统一者。在三人中，织田信长通过运用外交和战争相结合的手段，成为对统一工作贡献最多的一位，而丰臣秀吉和德川家康巩固了织田信长打下的江山。因此日本民间流行这样一句谚语，"播种者，织田信长也；收割者，丰臣秀吉也；享用者，德川家康也。"

图 2-1　织田信长

在丰臣秀吉统治期间，港口城市大阪成为日本的经济中心，便利的海运和陆运条件使这个城市成为理想的商贸和物流中心。

凭借强大的物流周转能力，大阪城快速成长为日本最大的贸易和金融中心。这段时间，日本社会逐渐出现五个不同社会地位的阶层：武士、农民、工匠、商人和贱民。

图 2-2 德川家康

日本军阀政府主要由武士阶层组成，而这些武士非常鄙视商人阶层。当时有一位商人叫庆安淀屋，他主要从事大米的仓储、运输和交易生意。淀屋的生意做得红红火火，他们家的前院甚至成为日本的第一家大米交易所。当时的幕府（征夷大将军领导下的军阀政府）将他的所有财产收缴充公，理由竟然只是因为他的财富极为不合理地超出了武士阶层。幕府对商人征收重税、进行恐吓、威胁等一系列举动，严重影响了日本经济的发展，直到德川家康完全打败丰臣秀吉派系、完全掌握日本大权时，日本社会才开始稳定，新经济发展的机会才开始涌现。

日本经济的主要基础是大米业，蜡烛图在跟踪记录大阪的堂岛米市交易所上市的大米价格波动方面，发挥着越来越大的作用。

堂岛米市交易所在 1600 年代末成立，1710 年之后，大米交易不仅仅包含实物大米，还包含了大米仓单收据。这些后来被称为大米库券，也就是我们现在所说的大米期货合约的雏形。大阪的大米经纪和交易生意成为这个城市财富的基础。大米成为交易中介，日元的货币单位——石（koku，中文谓之"dan"——译者注），代表了当时一个武士一年需要吃的大米量。

当时的大名如果需要资金，就可以将他多余的大米甚至是未来可能收割到的大米给大阪交易所的经纪商，换取大米库券。这个库券可以转手。很多大名都用这种办法来解决他们的资金周转问题。然而，为了解决眼前的花销问题，未来很多年才能收割的稻米提前被卖出，"寅吃卯粮"似乎是任何时代都无法逃避的一个怪圈。

随着大米库券成为一个活跃的交易品种，堂岛米市交易所成为世界第一个期货交易所。大米库券相对于底层实物大米资产就像期货合约相对现货一样。据当时的统计数据，大米期货的交易量几乎是同期全国大米总库存的 4 倍。

这段时间里，蜡烛图交易技术更进一步得到发展。本间宗久，本间家族最年轻的儿子（在那个年代，通常都是长子继承父业执掌大权），因其出色的交易智慧，继承了家族的交易生意。

根据自己的研究，本间宗久将大米市场参与者的心理与大米价格联系起来，并进行了解释。本间宗久用来展示价格活动的方法，被人们称为"蜡烛图"。因为宗久是从酒田出道的，所以他的一些研究成果也被称为"酒田战法"。酒田战法成为日本投资思想体系的重要内容。

由于语言障碍，日本蜡烛图分析法在当时的国际上并不知名。

第 2 章　蜡烛图

西方国家不知道日本蜡烛图，但西方投资者们也自创了同样用于解释市场参与者心理因素的分析方法——条线图（bar chart）。

1986年，清水正纪的《日本图中图》（The Japanese chart of charts）一书是第一本用英文出版的关于日本蜡烛图的书籍。但真正引起美国投资界对蜡烛图分析法注意的，是1991年第一次出版的《日本蜡烛图技术》一书，作者是史蒂夫·尼森，这已经是前一本书出版的6年后。现在，我们都经常在交易中使用日本蜡烛图分析方法，我们都需要深深感谢清水正纪和史蒂夫·尼森，前者向西方第一次介绍了日本蜡烛图技术，播下了种子，而后者通过持续努力，致力于进一步推广这一技术和思想，让更多人知道、理解和运用它，让蜡烛图分析法获得了广泛认可。

合气交易的方法

《孙子兵法》中有一句名言：知己知彼，百战不殆；不知彼而知己，一胜一负；不知彼不知己，每战必败。

交易中，成功取决于正确地使用合适的策略，而如何能够使用合适的策略则取决于你对市场的了解程度，也就是孙子兵法里面要求的"知彼"。这是获得交易成功的三大关键支柱之一，我把这一要点称为——了解市场。

市场价格波动的根本原理，是因为供给和需求的变化，而市场参与者的贪婪、希望、恐惧和绝望的情绪因素，影响着他们的行为，以及对市场价值的看法。

如果交易者认为市场价值被低估，那么他们会倾向于买入，而他们的买入行动会导致市场需求的增加；相反，如果交易者认为市场价值被高估，他们会倾向于卖出，而卖出动作会导致市场供给的增加。

蜡烛图是较为形象地展现一段时间内市场供给和需求变化的基本方式。开盘价是买卖双方共同磨合出来的对市场价值的共同评估（被称为剑的交锋），然后买卖双方会你退我进地开始交战，而最终一段时间结束后任何一方胜利时，胜者前进的距离（也就是"蜡烛棒"）代表着胜者的力量强弱，而交战双方经过的进退极限都会被"蜡烛芯"展示出来，我们也称之为上下引线。

通过上面的比喻，我们可以想象，市场强势的一方最终会将弱势的一方推向后方。衡量单边趋势蜡烛图的标准是，开盘价应在距离"蜡烛芯"某一端价格的25%范围内，而收盘价也应在距离另一端价格的25%范围内。为了更清楚地解释什么叫单边趋势蜡烛图，我们来举个例子，如图2-3所示，假设市场开盘价是在110.25（或者更低），而收盘价在110.75（或者更高），盘中价格最高去到110的低点以及111的高点。用我们上面的标准来衡量，这就是一个单边趋势向上的蜡烛图，因为开盘价距离全天最低价不超过25%，而收盘价也在全天最高价的25%范围内。单边趋势蜡烛图（也叫做单边趋势K线）是我们整本书的一个重要概念。

相反的例子，如果市场的最高价和最低价依然是110和111，但开盘价是110.75（或者更高），收盘价是110.25（或者更低），那么这叫做单边趋势向下的K线。

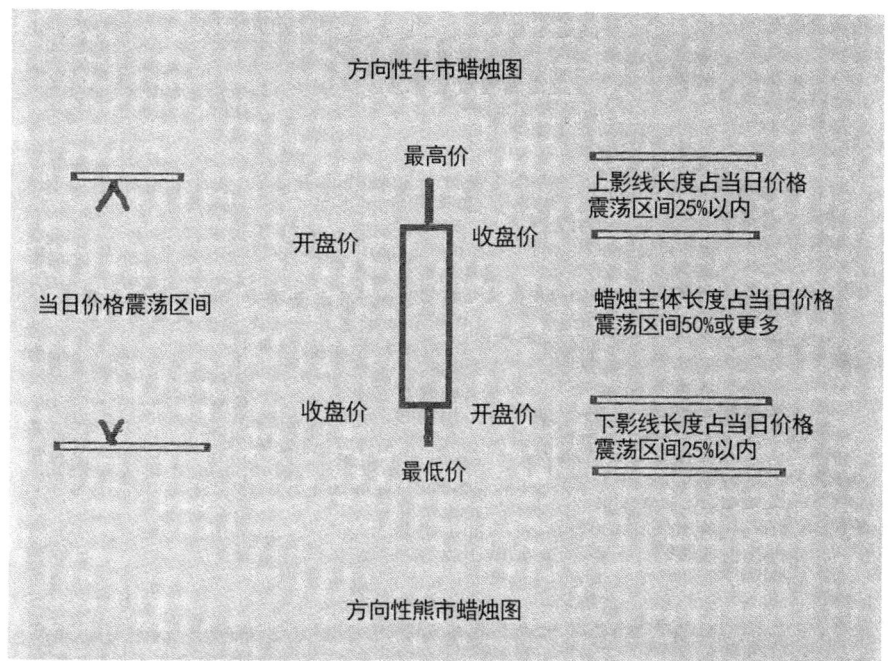

来源：经《市场分析师》许可转载

图 2-3 方向性的蜡烛图

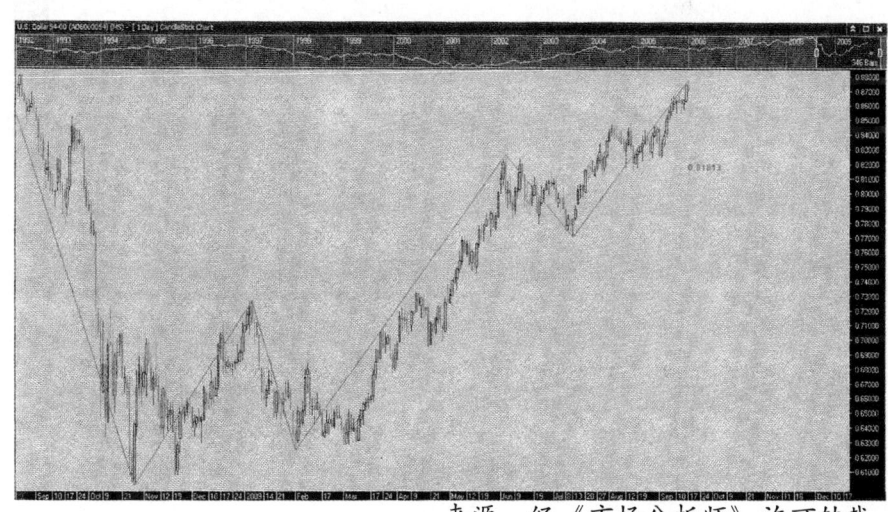

来源：经《市场分析师》许可转载

图 2-4 形态和规则

在观察 K 线图时，我们发现尽管有些单独的 K 线较为随意，但整体来看 K 线组合形成了很多不同的形态和秩序，可以看出市场的表现，如图 2-4 所示。

当市场处于单边趋势时，市场不断地出现扩张和收缩的形态。扩张形态一般叫做脉冲。在单边向上的趋势里，脉冲是不断向上的，而收缩的形态一般叫做回调。在单边向上的市场，脉冲的峰值和回调的低点都在不断地抬高；而在单边下跌的趋势中，脉冲是不断向下的，收缩的形态叫做反弹，脉冲的低点和反弹的高点都越来越低。脉冲和回调/反弹的关键不同，在于脉冲浪要比回调/反弹浪规模大得多，正如图 2-5 所示。

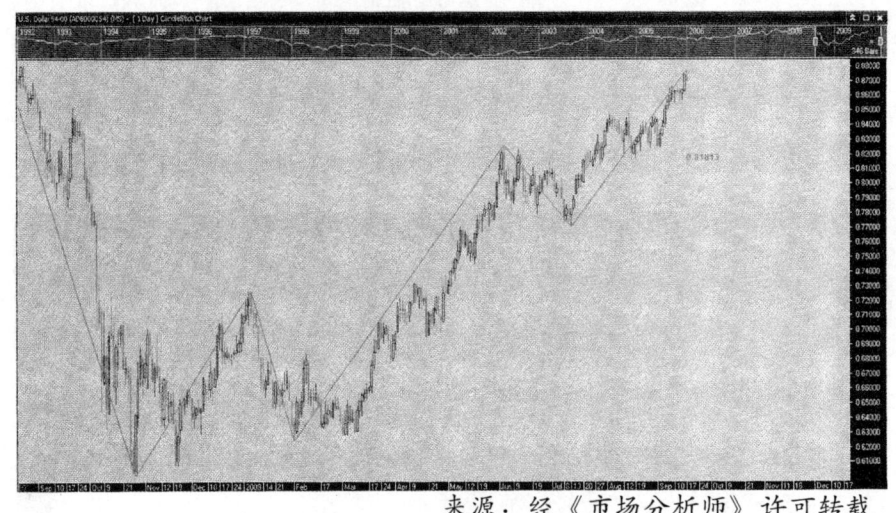

来源：经《市场分析师》许可转载

图 2-5　扩张和收缩形态

在区间震荡形态中，市场通过价格的扩张和收缩，逐步建立支撑位和阻力位。这是了解市场的重要一步。在下一章，我们将专门介绍在区间震荡形态下对市场行为的相关研究。

第3章　区间震荡形态

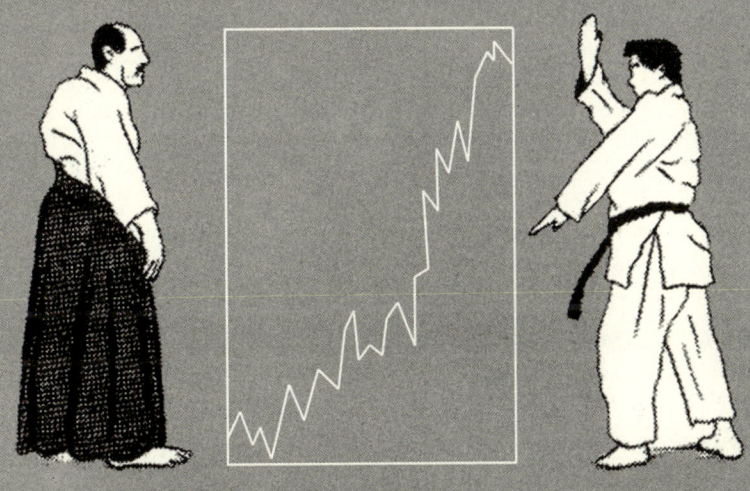

第3章 区间震荡形态

如果我们从影响市场参与者行为表现的情绪力量角度来研究，那么理解本章要讨论的区间震荡形态的原理就会较为容易。在市场参与者认为某个投资品种的价值被低估时，买家会出现。这些买家的买入行为将会推动市场价格走高，直至该品种的价值被高估，而这时卖家又会涌现，卖出的力量推动市场价格走低。

在市场横盘区间震荡的形态中，市场会出现一个大致水平的下方支撑位和上方阻力位。

如图3-1所示，假设我们在图中的A点开仓卖出，当市场价格下降到B点时，我们买入平仓，获利了结；同时，在B我们又新开仓买入。现在我们想象一下最初在A点开仓卖出的时候的心态：随着我们的仓位开始赚钱，我们的心态开始变得愉悦，尤其是当我们在B点完美地获利平仓时。

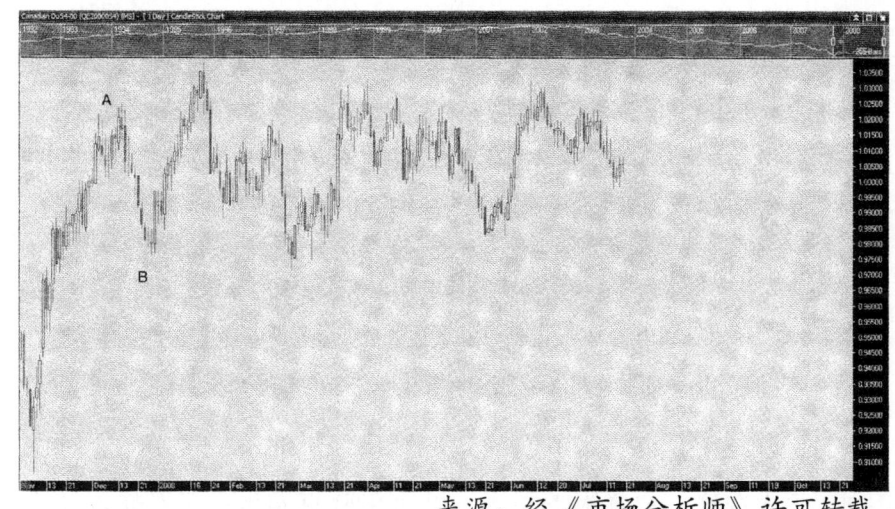

来源：经《市场分析师》许可转载

图3-1 区间震荡形态

现在再假设我们并没有在 A 点处卖出，相反，我们在 A 点处买入。如果价格跌到了 B 点时，我们的心态会变成什么样呢？至少，我们会感到一丝受挫，甚至是恼火。我们为自己运气不佳而懊恼，认为是阴险的市场在跟我们作对。随着市场继续下跌，我们开始深切地感受到财产损失带来的痛苦。我们祈祷市场能够反弹，让损失最小化。我们甚至向上帝发誓，一旦市场回到成本线，我们就离场。这是因为一旦价格回到成本线，我们会如释重负，从失败的交易痛苦中恢复过来。

我们要谨记，这一情景背后的原理是，人性是趋利避害，趋乐避苦的。随着市场从 B 点的低位反弹，离 A 点越来越近，最终上涨到 A 点时，曾经在 A 点所经历的所有记忆，都重现在市场参与者的脑海里。过去在 A 点开空单赚了钱的人，倾向于再次重复同样的操作，希望再次愉悦地获利，因此，这批人会倾向于再次开仓卖出；而以前在这里拥有痛苦回忆的人，很可能做与以前相反的决定，以逃避痛苦——他们不再选择买入，而是很可能卖出。

还有一批人，他们之前在 A 点没有及时开仓卖出，只能眼巴巴看着市场跌到 B 点。这一批人看到市场又回到 A 点时，很可能迫不及待地开仓卖出，以弥补之前空仓的遗憾。

在上面的例子里，A 点代表阻力位，市场走势通常会在这里受到上行的阻力。

用同样的原理，我们可以推断，未来市场价格遇阻回落到 B 点时，曾经在 B 点买入并有愉快的赚钱经历的市场参与者，将倾向于再次在这一位置附近买入。以前在 B 点卖出，有着痛苦经历的人们，等市场好不容易回到他们成本线时买入离场，又或者吸取教训做出买入动作,希望改正之前的错误。此外,还有一些市场的被动观察者,此前一直惋惜自己没能抓住这一波行情的,迫不及待地介入,不愿再错失获利机会。

在这个例子里,B 点代表支撑位,市场走势通常会在这里得到一定的支撑。

现在,我们来讨论一下区间震荡形态的三种情形。第一种,我们称之为 100% 完美区间震荡。一旦阻力位和支撑位确立,市场会精准地在阻力和支撑位形成的区间内震荡,遇支撑反弹,遇阻力回落(如图 3-2)。

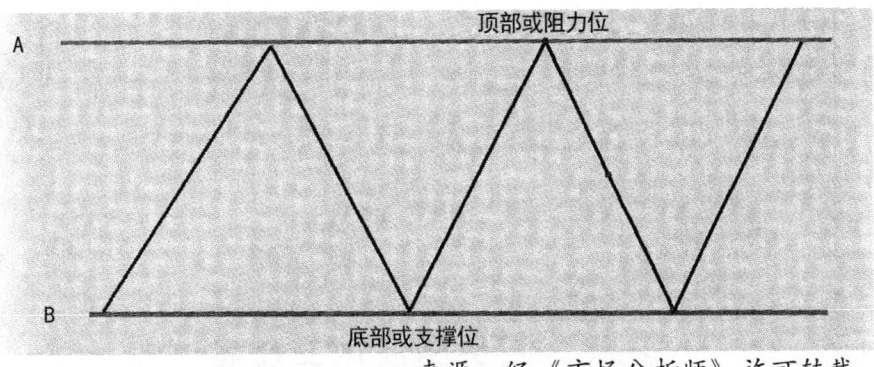

来源:经《市场分析师》许可转载

图 3-2　完美的区间震荡走势图

逻辑和经验告诉我们,尽管完美的区间震荡市场有时候会出现,但因为我们生活和交易的市场并不是理想化的,因此这种可能性并不大。通常,阻力和支撑位会移动。有时候,市场只是接近阻力或支撑就开始转向,有时候市场会击穿阻力或支撑位,原来的区间会被扩大,然后再在新的区间里继续区间震荡模式(如图 3-3)。

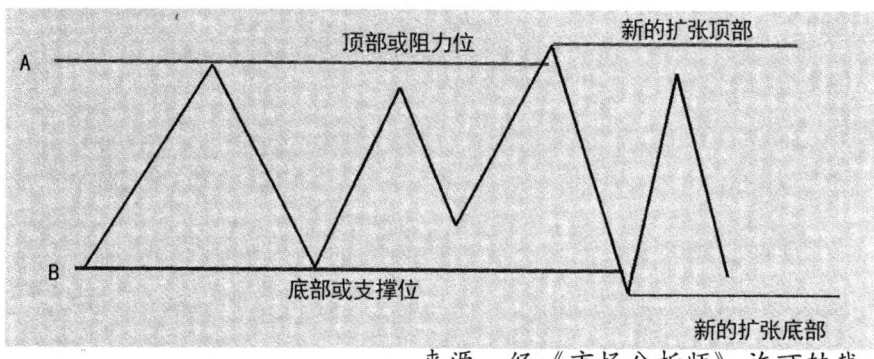

来源：经《市场分析师》许可转载

图3-3 不完美的区间震荡走势图

对于入门交易者来说，对区间震荡市场有深刻的认识至关重要，因为市场更多的是在以不断自我修正的模式运行，而不是简单重复的脉冲模式，而区间震荡形态是市场自我修正的重要体现。

多头、空头和海龟交易者

很多市场参与者都很熟悉多头和空头的概念。多头代表买方和买盘力量，空头代表卖方和抛盘力量。然而，很多交易者都不了解海龟交易者。

杰克·施瓦格在他的经典代表作《金融怪杰》（Market Wizards）一书中，采访了一批被称作"海龟"的超级交易者。这些海龟交易者的教练是丹尼斯·康纳和威廉·艾克哈特。他们的目标是证明或推翻"成功的交易者无需天赋，是能被后天训练出来的"这一命题。实验最终证明，后天培养能够克服一些先天的不足，交易者能够经过培训而走向成功。我们每个人都能够通过训练来实现交易的成功，这对所有入门交易者来说都是一个好消息！

海龟交易者本质上是趋势跟踪者，他们在过去较长一段时间里取得了持续的高收益。海龟交易者经常使用的一个入门法则是，突破20日新高则买入，跌破20日新低则卖出。不过，劳伦斯·A·康纳和琳达·布拉福德·拉斯奇克在他们的《华尔街智慧》(Street Smart)一书中，分析了海龟的交易数据，发现海龟交易者的获利经常伴随着显著的回撤，这主要是因为海龟交易法本质上是趋势交易，而趋势交易要求使用突破作为买入或卖出的信号。然而据统计，市场价格突破区间震荡形态的尝试中，有70%都是以失败告终，这就意味着，海龟交易者每次根据突破信号操作时，都有70%的可能性被止损出局，在只有30%成功率的情况下，他们每一次盈利的交易需要获得更多的利润，才能总体盈利，因此，他们的成功主要依赖于这30%的盈利交易获得的利润额显著高于失败交易的亏损金额。

康纳和拉斯奇克设计了一个模型，专门通过捕捉海龟们的失误来获利，他们开玩笑地称该模型为"龟汤交易法"，也就是说，就像把海龟放在锅里煮汤一样，赚取他们的失误带来的获利机会。海龟汤交易法本质上是等待价格在区间震荡模式后出现假突破，然后继续返回区间震荡模式。实质上，区间震荡的突破要么成功，然后市场开启一段单边的趋势（这种情况下海龟赢了，如图3-4所示），要么就是一次失败的尝试（海龟成汤，如图3-5所示）。

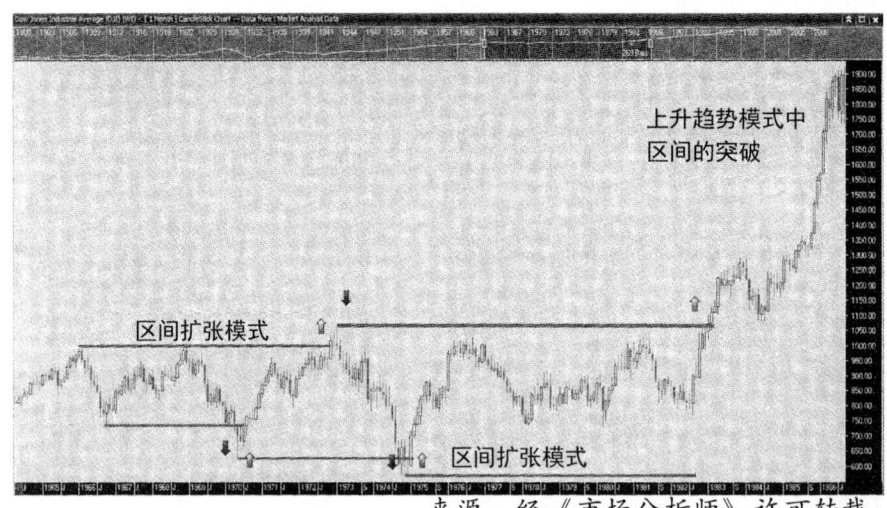

来源：经《市场分析师》许可转载

图 3-4　成功的突破

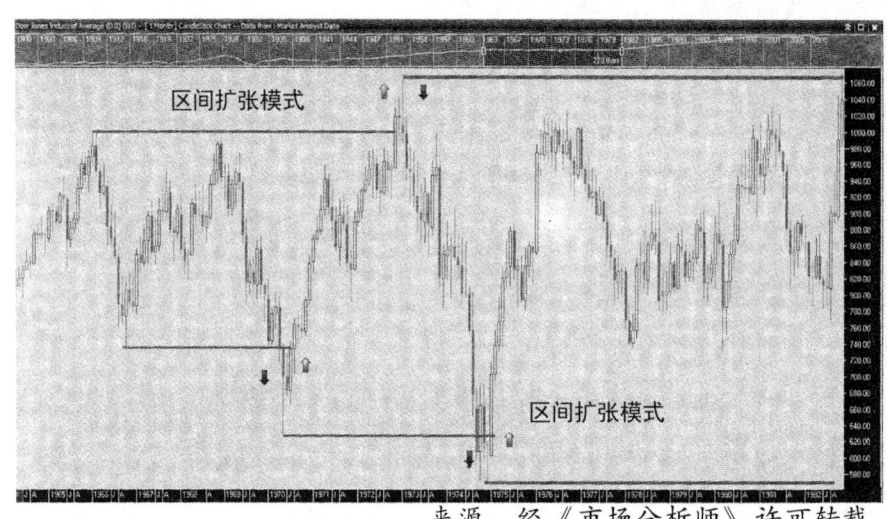

来源：经《市场分析师》许可转载

图 3-5　失败的突破

现在，我们逐渐明白这种震荡区间扩大形态的原理了。从图中我们观察到什么呢？更重要的是，这种形态值得我们去操作吗？我们是否可以制定一套法则来明确区间震荡形态的交易策略？

第 3 章　区间震荡形态

观察和总结

通过研究海龟交易数据，我们发现当震荡区域扩大时，有70%的市场机会仍会回归到区间震荡模式。

如果价格突破失败，市场仍然在一定区间内震荡，那么我们可以预期市场很可能朝着区域边界相反的方向运行，而且，只要区间震荡模式没有被破坏，我们可以预期市场将更可能从震荡箱体的顶部阻力位回落到底部支撑位，再从底部支撑位反弹到顶部阻力位。

因此，根据区间震荡形态来操作是一种可行的交易模式，这也是一种非常强有力的形态，因为这种形态是基于交易者趋乐避苦的天性。所以，我们可以专门就市场假突破后回到区间震荡形态的交易模式来制定入场和离场的具体交易方案。

针对区间震荡模式制定一套交易法则

行动区域

第一条法则就是，界定目前市场的震荡区间。我们的行动区域只能限定在震荡区间上沿和下沿附近。我们需要识别价格走势图里的"山顶"和"谷底"。如果市场价格处于历史的谷底附近，一旦出现假突破，箱体的下沿被击穿但价格并没有延续下行，我们可以尝试寻找买入的机会。在图3-6里，市场正在谷底附近震荡。

我们识别"谷底"的标准是，最低价的那根 K 线左右必须至少要各有 8 根比它价格更高的 K 线排列，而且历史走势的观察区间不能少于 55 根 K 线。这一标准非常清晰地定义了区间震荡模式下交易机会出现的预期时间。

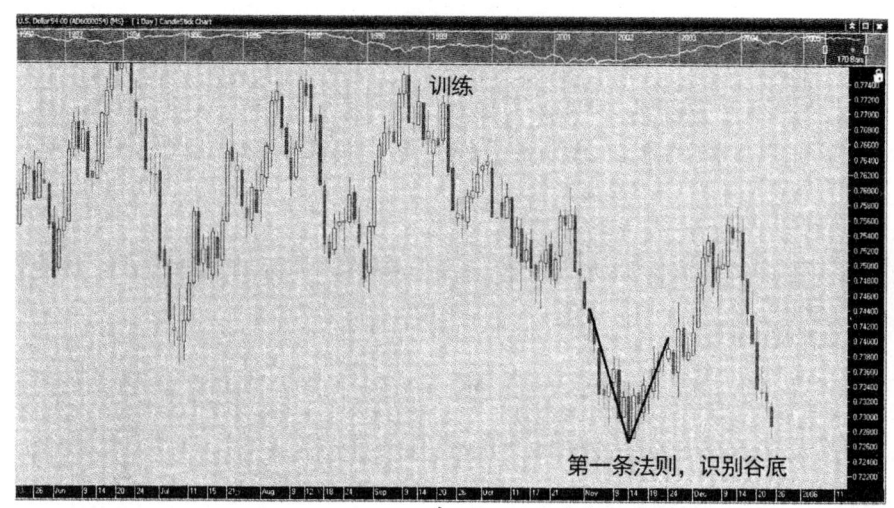

来源：经《市场分析师》许可转载

图 3-6　谷底示意图

入场信号

第二条法则是，从我们识别出来的谷底从左至右画一条横线，这条线就可以界定目前这个震荡箱体的下沿。有了这条线，我们可以很清晰地观察市场的任何突破尝试，也可以作为价格在突破失败后继续进行箱体震荡、触发买入条件的预警线（见图3-7）。

第三条法则是，等待价格突破。我们需要等待市场创出新低，低于目前我们界定为"谷底"的那根 K 线。

第3章 区间震荡形态

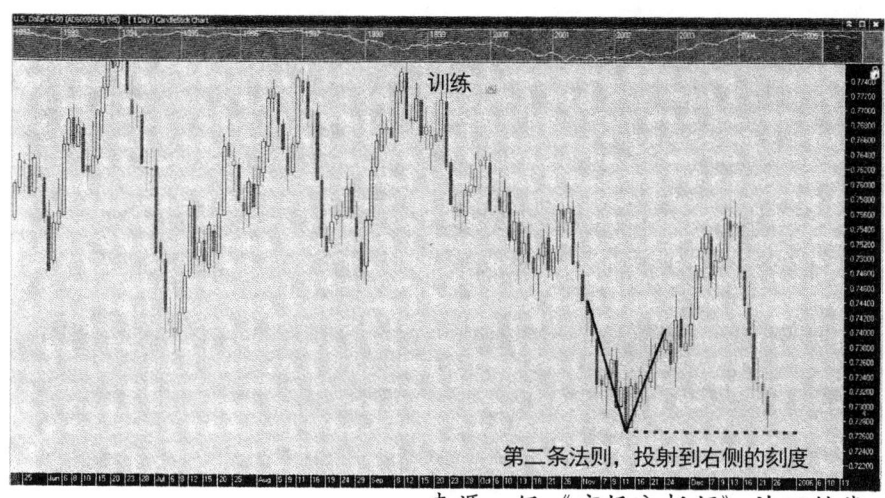

图 3-7 界定入场信号

图 3-8 中所展示的情景中，市场未来走势有两种可能性：要么海龟交易者赢了，市场出现崩盘式下跌，要么海龟交易者输了，只是价格震荡的区间扩大了而已，但震荡形态并没有改变。

图 3-8 突破

不过，如果出现谷底被击穿的突破走势后，市场还能以高于此前我们界定为"谷底"的价格收盘（图中我们画了一条虚横线来标记），那么市场延续震荡形态的可能性才会更大。

对于合气交易者来说，跟他的武术对手一样，此时还没有加入战斗，不过，他们已经开始高度注意，不断评估市场是否出现了合适的交易机会。

第四条法则是，如果市场出现高于虚线中标记的箱体下沿价格的收盘价，那么买入信号出现，跟随信号买入，正如图3-9所示。

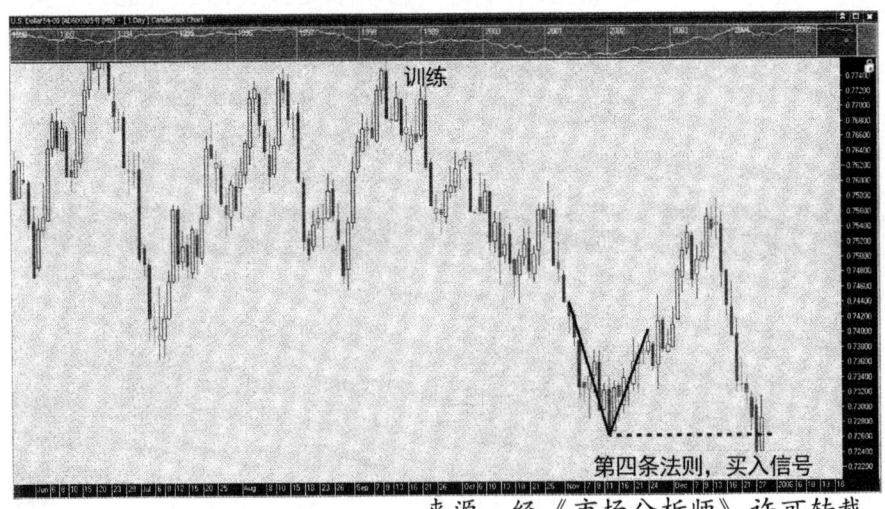

来源：经《市场分析师》许可转载

图3-9 发出买入信号

此时，合气交易者和他的对手一样，一旦入场信号出现，他们会迅速决断地开仓买入。

第 3 章　区间震荡形态

风险和资金管理：止损离场策略

第五条法则是，决定一个交易止损价格。止损，是所有交易者都必须清楚理解和践行的一个重要概念，而风险管理是成功交易的第二大支柱，是交易者得以长久生存的保障。任何时候我们入场交易，都不可能有100%的把握一定能赚钱。我们只能靠观察过去的市场走势，寻找一个可靠的形态来进行交易。尽管如此，市场还是要么顺着我们有利的方向走，奖励我们一笔利润；要么向着我们不利的方向，给我们带来损失。我们能够做的，只是确保每一次的损失不是致命的，这样我们才能长久地在市场上生存下去。引用约翰·海登在《21条颠扑不破的交易真理》一书中的一句话，长期来看，95%的交易者是亏钱的，只有5%的交易者能赚钱。这背后的原因依然是可以用人类的心理来解释：人的天性是趋乐避苦的。在交易中，盈利代表快乐，因此每当我们获得盈利时，总是有一种巨大的心理压力驱使我们尽快落袋为安，立即享受快乐；同时我们还有一种无形的恐惧感，担心一旦我们不及时获利了结，这部分盈利可能会变成亏损，快乐就会变成痛苦。很多交易者都在这种心理压力面前屈服，因此当他们的交易赚钱时，往往赚得很少，而当他们的交易亏损时，这种心理压力又让他们不敢面对损失，陷入逃避和幻想中，期待亏损的情况能逆转，痛苦最终可以变成快乐。是的，有时候这种期待能够梦想成真，但大多数时候，市场仍然向不利的方向发展，损失不断扩大，交易者面对日益增长的亏损变得越来越痛苦。最终，交易者因为实在不能再承受这种痛苦，变得彻底绝望而决定平仓出局。这就是大多数人会以亏钱而告终的原因。他们总体的亏损大于盈利。对于成功的交易者来说，他们愿意延迟享乐的欲望，而立即接受痛苦，正是因为他们明白他们的利润需要比损失大，他们总体才能赚钱，才能在市场上生存。因此，每一笔好的交易必须融入一种将损失最小化、利润最大化的策略。这就需要我们严格止损。这里我们将介绍一种设置止损策略的方法：真实波动幅度均值（ATR）。这是基于一段时间市场真实波动幅度的统计数值，我们一般将这段时间定义为60根K线（见图3-10）。

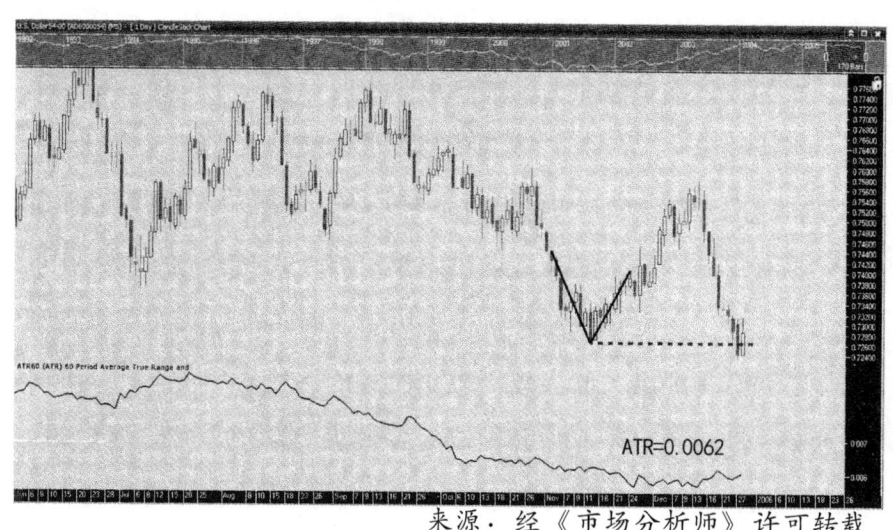

来源：经《市场分析师》许可转载

图3-10 真实波动幅度

我们可以把真实波动幅度均值（ATR）当做一个过滤条件，只要我们认可用ATR来判断市场走势，我们就需要接受市场的任何不利变动带来的风险和痛苦。如果市场向我们不利的方向变动超过ATR，那么我们可以认定市场不再处于箱体或者区间震荡模式，而更可能展开一波单边趋势。举个例子，首先我们要识别市场的新低，然后以新低价位之下一个ATR的幅度的价格作为止损

第 3 章 区间震荡形态

价格，那么我们就很清楚，一旦市场出现不利变动，我们在什么价位离场。我们举的例子是在箱体下沿寻找买入机会，那么我们的止损设在买入价格的下方。公式如下：

止损价格 = 新低价格 - ATR

在图 3-11 中，止损价格 = 0.7236 - 0.0062 = 0.7174。

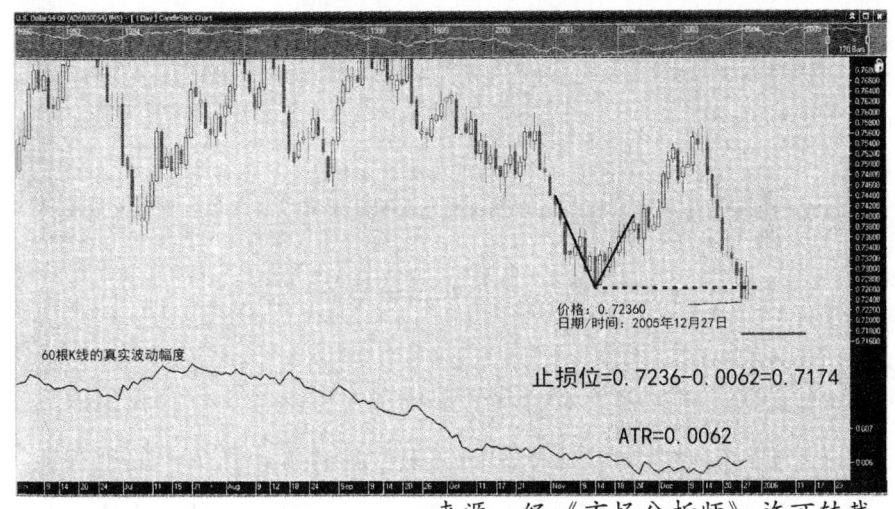

来源：经《市场分析师》许可转载

图 3-11　止损价位

再次用合气道来打个比方，当价格在箱体下沿震荡时，经过评估认为市场卖盘力量开始走弱时，我们开仓买入。我们设计的止损价格，就相当于合气道武士承认对手以前隐藏了实力，而现在能够再次施展力量，将市场推向原来的方向。

第六条法则是，界定市场创出的新低价格和此前出现的箱体上沿高点之间的这一反向波动幅度。在我们上面举的例子中，反向波动幅度是指"山顶"。正如图 3-12 中看到的，顶部价格是我们止盈出场的目标。

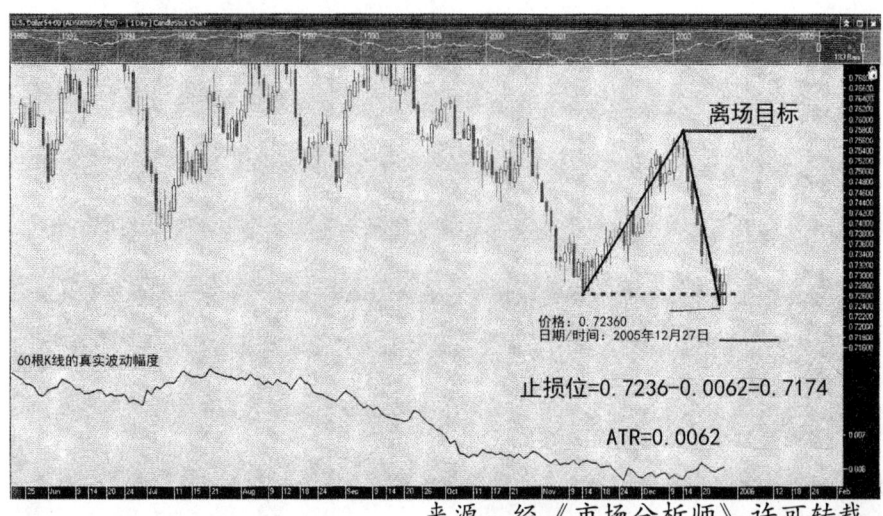

图 3-12 止盈目标位

就这样，同时带着对盈利的期待和对亏损的坦然，我们入场了。基于我们对区间震荡模式的认识，我们预计有 70% 的把握能成功，但也有 30% 的可能被迫止损出局。不管哪种情况出现，我们都要坦然面对。交易计划告诉我们，我们必须在止损位严格离场，接受损失，同时也告诉我们，必须在止盈位及时平仓获利。止盈位是在 0.7578。我们之所以愿意接受这个止盈目标，是基于我们对区间震荡市场的认识。因为这一市场形态告诉我们，买盘力量很可能在区间顶部的阻力位变弱，而作为合气交易者，我们希望与市场和谐共处，顺应市场。

这里我们需要反复强调一下制订交易计划的实用性和重要性，尤其是对于认真的交易者来说。

首先，任何好的交易计划必须基于强有力的基本原理，而且能够在统计数据上证实这一原理能带给我们正向的交易绩效。在我

第 3 章 区间震荡形态

们举的例子里，我们的交易计划基于区间震荡形态原理，时刻关注这一形态带来的特定交易机会，一旦市场走势与我们的交易法则相符时，我们就应入场交易。

其次，交易计划帮助我们管理市场的不确定性，以及我们入场后这些不确定性给我们带来的情绪变化。

再次，交易计划帮助我们清楚地知道我们入场错误的结果（触发止损）和入场正确的结果（朝我们的盈利目标挺进）。

一旦我们根据信号入场后，我们唯一能做的就是等待，等待市场触及止损位、或者止盈位，然后坦然地接受任何一种结果（如图 3-13 所示）。

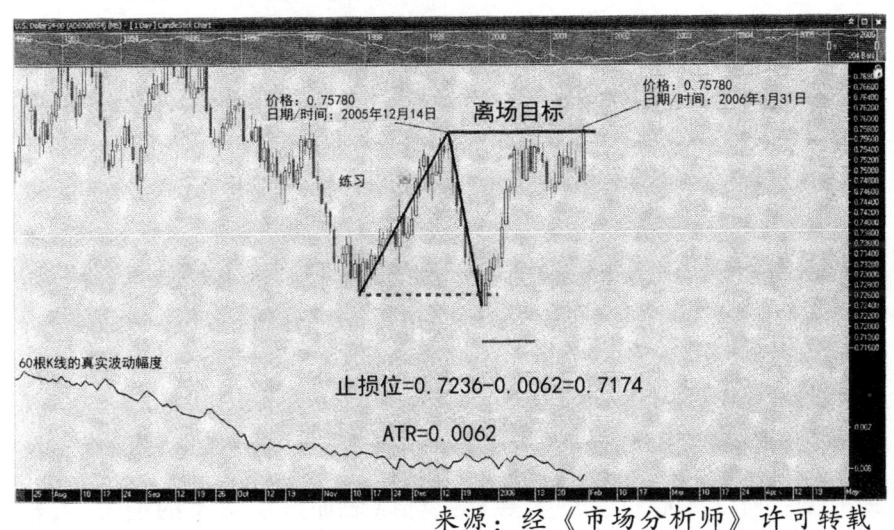

来源：经《市场分析师》许可转载

图 3-13 交易计划

让我们回顾一下上面针对区间震荡形态制定的几条交易法则：

1. 界定区间的顶部和底部；

2. 等待市场价格突破顶部或跌破底部；

3. 入场法则：（1）如果市场以低于以前界定的顶部价格收盘，在收盘价附近卖出；（2）如果市场以高于以前界定的底部价格收盘，在收盘价附近买入。

4. 止损出局法则：（1）使用60个周期K线的ATR工具（即60个周期的真实波动幅度均值，简称ATR60）；（2）以这一工具作为止损条件：如果出现卖出信号，止损价的计算公式是：止损价=新高+ATR60；如果出现买入信号，止损价的计算公式是：止损价=新低-ATR60。

5. 止盈出场法则：止盈目标位是本次入场点所处波段的另一端：如果市场价格触发买入信号，那么止盈目标位是本次入场点和上一个"谷底"之间的那个"山顶"；如果市场价格触发卖出信号，那么止盈目标位是本次入场点和上一次"山顶"之间的那个"谷底"。

观察图3-14、图3-15、图3-16和图3-17。我们通过多观察历史K线图，来练习一眼就能辨认出区间震荡这一特定形态的能力。这种能力非常重要，这就像一名刚入门的武术练习者需要不断练习和改善某一招数技巧，以便在遇到某一种特定情形时能自如应对一样。不断反复练习观察，可以增加辨识形态的能力，最终达到这样登峰造极的状态：一旦这个形态出现，就能本能地做出反应、采取行动。

第3章 区间震荡形态

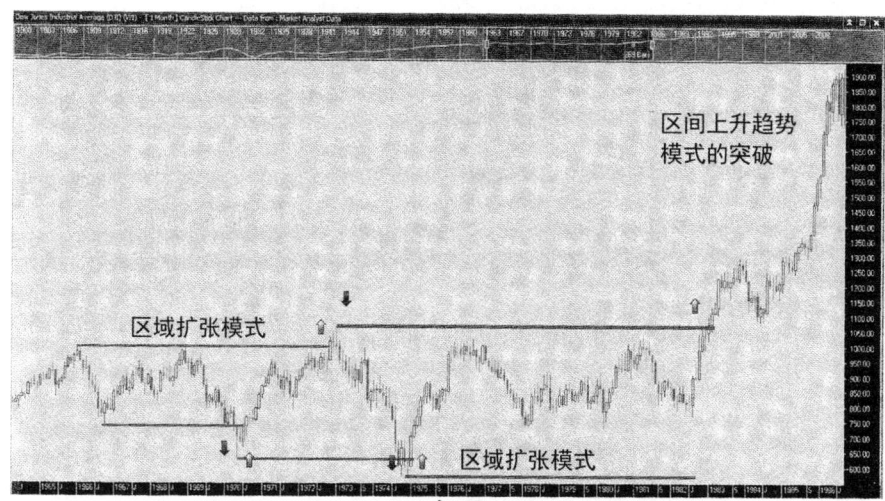

来源：经《市场分析师》许可转载

图 3-14 扩大的区间震荡形态

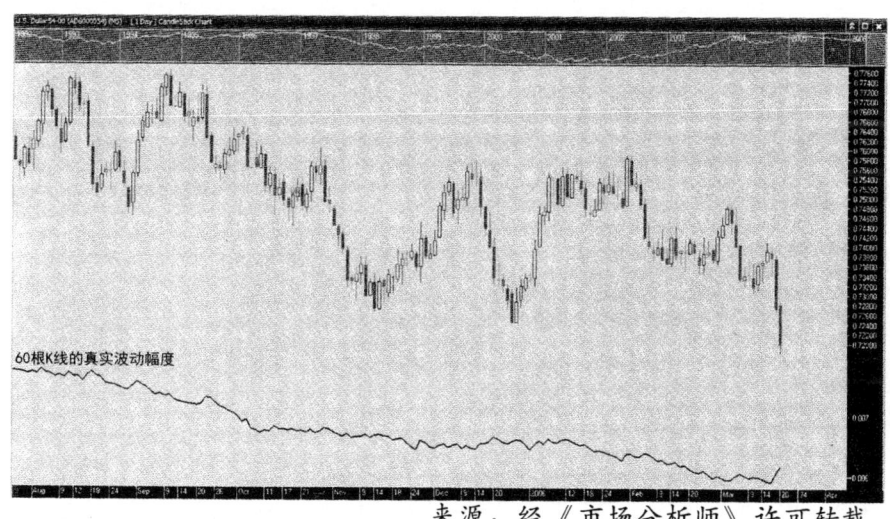

来源：经《市场分析师》许可转载

图 3-15 例1：识别区间震荡模式

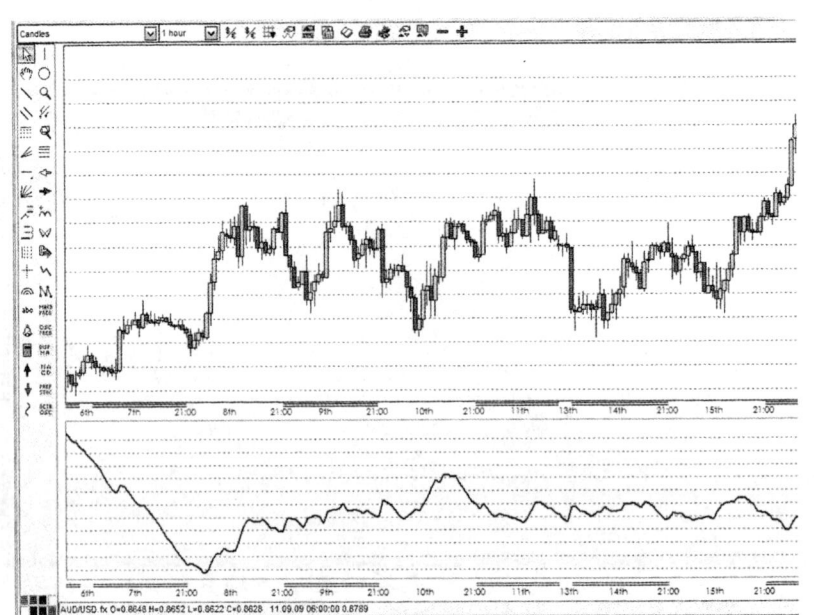

来源：全球外汇交易公司（GFT）的在线交易软件 DealBook 360

图 3-16　例 2：识别区间震荡模式

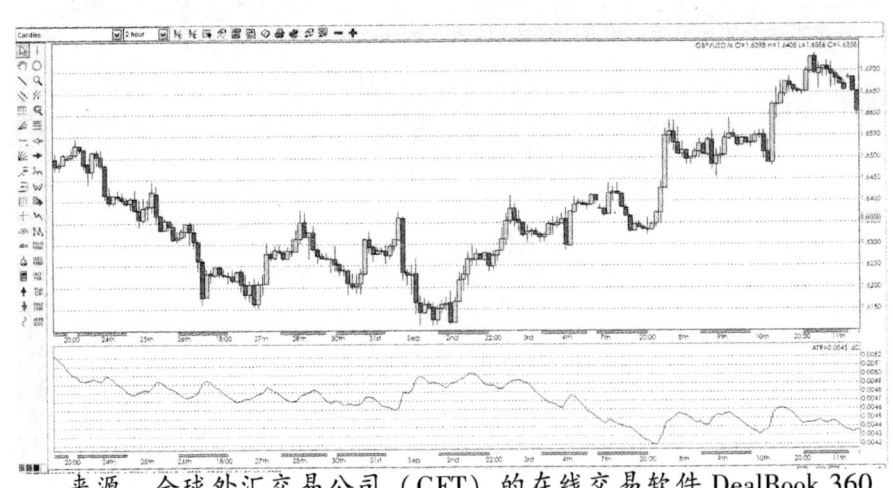

来源：全球外汇交易公司（GFT）的在线交易软件 DealBook 360

图 3-17　例 3：识别区间震荡模式

核算盈利风险比以选定有利交易

经过上面的一系列训练，我们开始逐步熟悉市场在区间震荡形态下的走势表现。接下来，我们需要进一步深化理解，以便能在市场出现这一形态时果断决定是否根据信号入场。对我们每笔交易的风险收益特征进行准确评估，是至关重要的：只有我们认定潜在盈利大于潜在风险时，风险才能被我们坦然接受，冒险才是值得的。

下面回顾一下我们的交易计划。通过制定交易计划，我们界定了入场、止损和止盈的方法。请看图3-18。

图中，入场价位是大阳线的收盘价（0.7286），我们可以计算出预期的损失，也就是入场价和止损价之差：我们的入场价位是0.7286，止损价位为0.7174，那么我们预期的损失就是0.0112。

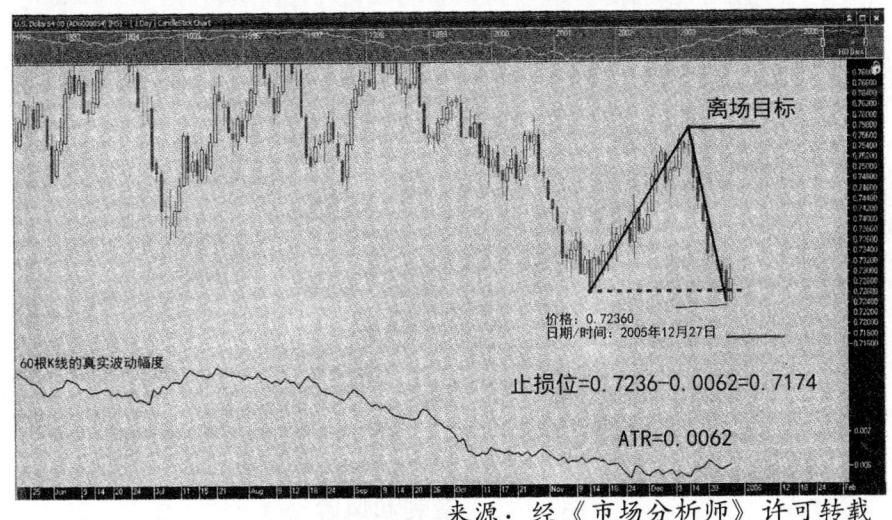

来源：经《市场分析师》许可转载

图3-18　区间震荡模式下的买入交易

下一步就是计算我们预期的盈利,也就是我们入场价和止盈价之差(见图 3-19 和图 3-20)。

我们的目标止盈位是 0.7578,入场价位是 0.7286,据此我们很容易计算出预期盈利为 0.0292。随后,我们通过把预期盈利除以预期损失,可以算出盈利风险比。在上面的例子里,预期盈利为 0.0292,预期的亏损为 0.0112,那么盈利风险比为 2.61。

这意味着,每一个单位的预期损失,大概对应 2.61 单位的预期盈利。显然,盈利风险比越高,我们接受和执行这笔交易对我们就越有利。那么,什么样的交易盈利风险比更高?我们用怎样一个盈利风险比的标准,来判定正在分析的这笔交易是否值得我们入场?有一个最优的盈利风险比值吗?

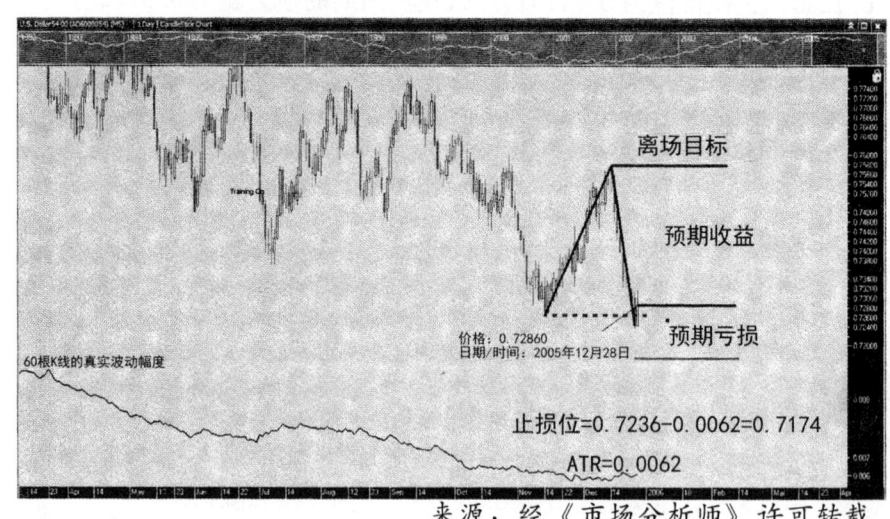

来源:经《市场分析师》许可转载

图 3-19 盈利和风险

第 3 章　区间震荡形态

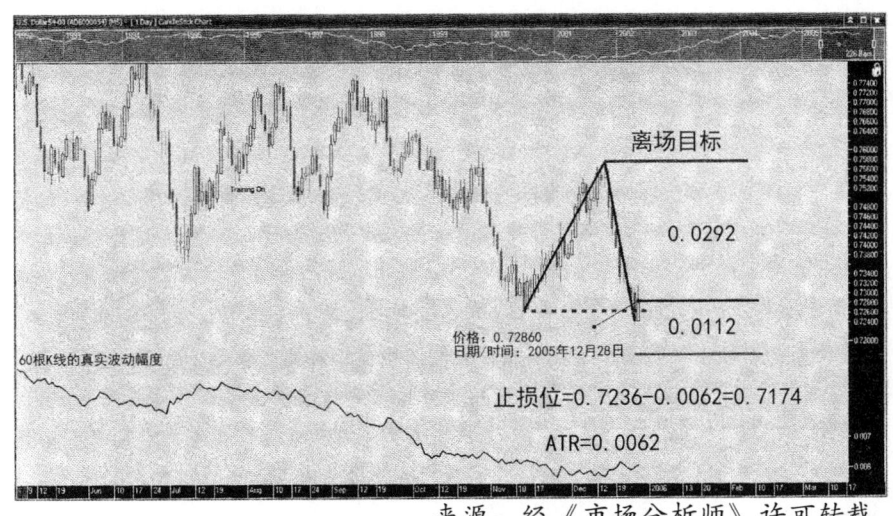

来源：经《市场分析师》许可转载

图 3-20　计算盈利和风险

要回答这个问题，我们可以对海龟交易者的一些交易数据进行分析。

我们知道，从长期来说，海龟交易者的命中率约为 30%，这里的命中率是指海龟交易者盈利的交易笔数占总交易笔数的比例。因此，他们的失误率（亏损交易的笔数占总交易的笔数）高达 70%。我们还需要计算每次盈利交易中他们平均赚钱的金额和亏损交易中平均亏损的金额，这只需要将他们盈利交易所赚的钱除以盈利交易笔数、将他们亏损交易所亏的钱除以亏损交易笔数即可。考虑到这里的金额通常用交易者的本国货币来表示，我们需要把它转化成美元单位，以便统一。

我们来计算一下既不赚钱也不亏钱的情景（在这种情况下，总亏损等于总盈利）下的盈利风险比。

假设：总盈利＝总亏损

总盈利＝命中率×平均盈利金额

总亏损＝失误率×平均亏损金额

为了计算既不赚钱也不亏钱的临界值，我们可以将上述公式写成一个方程：

命中率×平均盈利金额＝失误率×平均亏损金额

由此得出，平均盈利金额/平均亏损金额＝失误率/命中率。

我们知道，海龟交易者的命中率只有30%，而失误率有70%，而"平均盈利金额/平均亏损金额"也就是我们所说的盈利风险比，代表我们每冒一个单位的风险可以预期获得多少单位的盈利。在这个例子里，我们要计算盈亏平衡点所对应的盈利风险比。通过上述方式可以算出，当"平均盈利金额/平均亏损金额"这个比例为2.33时，海龟交易者可以达到他们的盈亏平衡点。

这里我要重申一下，盈利风险比是指每单位潜在亏损能带来的潜在盈利。在图3-18中，盈利风险比为2.61，这意味着，我们每单位的潜在亏损能给我们带来2.61个单位的潜在盈利。

在这笔基于区间震荡形态的交易中，命中率预计为70%，而失误率预计为30%，那么，我们可以用同样的公式，替换一下正确的数字，就能计算出基于区间震荡形态的交易中我们达到盈亏平衡点的盈利风险比——计算结果为0.42。

这个数值意味着，基于区间震荡形态的交易统计数据，我们可以接受的最小的盈利风险比为0.42。这种情况下，我们可以至少保证没有任何损失，但也没有盈利。显然，我们入场交易是为了赚钱，因此，尽可能地在盈利风险比较高的时候入场，对我们更为有利。

此外，我们必须理解概率的性质，以及概率对实际交易所产生的影响。

曾经看过信托基金或者共同基金的宣传手册吗？基本上所有册

子里的基金业绩曲线图一开始都是赚钱，然后小幅回撤，之后的业绩表现继续向上。然而，实际交易经验告诉我们，一开始投资时我们很可能是亏钱的，并不总是像宣传那样赚钱，也就是说，在实际交易中盈利和亏损的概率在短期内是随机分布的，当然，长期来说还是会像我们所统计的那样，不同的交易方式有着不同的胜率。这一点需要交易者深刻认识并铭记于心。

让我们继续讨论盈亏平衡点的盈利风险比。如果我们在接近这个值附近选择入场交易，我们入场交易的次数会比较多，但很有可能无法承受一开始就出现连续亏损，而这是非常可能的。但如果我们把入场的盈利风险比标准提得太高，那我们入场交易的机会又可能太少，导致资金闲置。所以，我们需要一个折中的方案。

就我自己的经验而言，我一般在盈利风险比超过 1.8 的时候才入场交易。但是，一开始的时候，我们可以放低标准，例如选择盈利风险比在 1.3 以上，以获得更多的交易机会，积累经验。

这里必须提醒一下，在我们刚入门交易的时候，必须用小仓位"试单"。下面用我自己的经验来说明这一点的重要性。

我第一次接触麻将游戏的时候，我和朋友们大概一周打两次麻将，赌注下得比较大——每次麻将的平均盈亏大概在 800 美元左右。我很快意识到交的"学费"太昂贵了：因为我是初学者，对出牌技巧的很多方面都不熟悉，特别容易犯低级错误，这些错误导致我输了很多钱。后来我吸取了教训，减少赌注，把每次打麻将的亏损和盈利都控制在 80 美元左右。

同样，在交易中也可以选择适合我们的"赌注"来减少"交学费"的金额。我建议，一开始交易时用较低的仓位，以避免损失过大而受到重挫。我们需要机会去试错，学习失误带来的教训，但要确保这些教训不是致命的。等我们完成了至少 30 笔交易后，我们就能基本积累了一些交易经验，并有了我们自己的历史交易数据；随着我们的交易经验增加，我们的能力也会进一步提高，到那时，我们才能开始用稍大一些的仓位交易。

最后，我们再次系统性地整理一下第 3 章给大家介绍的一些针对区间震荡交易模式的交易法则：

1. 界定区间的顶部和底部。

2. 等待市场价格突破顶部或跌破底部。

3. 入场法则：（1）如果市场以低于之前界定的顶部价格收盘，在收盘价附近卖出；（2）如果市场以高于之前界定的底部价格收盘，在收盘价附近买入。

4. 止损出局法则：（1）使用 60 个周期 K 线的 ATR 工具（即 60 个周期的真实波动幅度均值，简称 ATR60）；（2）运用这一工具作为止损条件：如果出现卖出信号，止损价的计算公式是：止损价 = 新高 + ATR60；如果出现买入信号，止损价的计算公式是：止损价 = 新低 − ATR60。

5. 止盈出场法则：止盈目标位是本次入场点所处波段的另一端：如果市场价格触发买入信号，那么止盈目标位是本次入场点和上一个"谷底"之间的那个"山顶"；如果市场价格出发卖出信号，那么止盈目标位是本次入场点和上一次"山顶"之间的那个"谷底"。

6. 筛选交易的规则：（1）只有当盈利风险比超过 1.3，我们才开仓交易；（2）如果盈利风险比低于 1.3，避免交易。

现在，我们需要提及一下交易心态的重要性。要成为一个盈利的成功交易者，我们需要不断培养好的交易心态。尽管很多交易者短期内可以非常成功，但大多数人最终还是亏钱。成功的交易者不仅要盈利，更要长期稳定盈利。要怎样才能达到这个目标？

我认为最重要的一点是，交易者只有在看得懂当前市场行为时才入场，如果没办法看懂市场，绝不进场交易。这就像一个决斗的武士一样，成功的武士是在等待和寻找对手失去平衡的机会，一旦看准机会，他便可以利用对手的空当施展技能，将对手击倒。他需要反复训练，来识别对手失去平衡的瞬间，果断行动。如果他不能在那一瞬间发现和理解对手情况，便无法施展自己的技能，也无法发起进攻。

到这里，本章关于区间震荡模式的内容也讲得差不多了。如果能够识别这种形态，我强烈推荐大家去尝试交易这种形态。但如果市场不是处于这种形态中，就要避免入场，毕竟我们所学的知识还不足以看懂市场，也没办法评估入场的成功概率。我们目前要做的是，先把这一种特定的形态学习透彻，并熟练掌握该形态下的交易法则。

记住，只有我们能看懂市场的时候，才能入场交易，正所谓"不熟不做"。只有通过练习、积累经验，我们对市场的理解才能逐步提高，交易计划的执行能力也才能得到改善。这个学习过程没有捷径。无论是交易，还是武术，抑或是人生，我们都必须投入足够的时间、努力、精力以及坚守，才能获得成功。

第4章　单边趋势形态

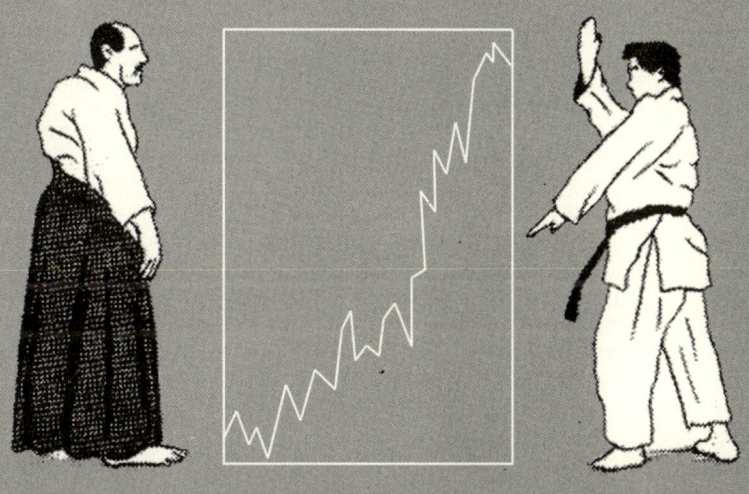

第4章 单边趋势形态

本书的前几章我主要介绍了市场如何经历扩张期和收缩期。图4-1的趋势线展现了在单边趋势市场中,市场价格的扩张和收缩都是非常明显的。

市场的收缩模式可以分为好几种不同的形态。在第3章中我们重点介绍了收缩模式的一种具体形态,叫做区间震荡形态。

通过观察图4-1和图4-2,我们能说出扩张(脉冲)模式和收缩(回调)模式的最大区别在哪里吗?

正如我在第2章末尾提到的,最大的区别就是脉冲浪的规模要远远大于回调浪。海龟交易者也发现了这个特点,他们的交易方法和逻辑就是捕捉大的脉冲浪所伴随的巨大利润空间。他们能够辨别什么时候市场处于回调浪,但他们不在回调浪进行交易,因为回调浪的规模太小。一旦回调模式结束,海龟交易者就会参与到交易中——他们的主要入场信号就是回调震荡区间的突破(如图4-3所示)。

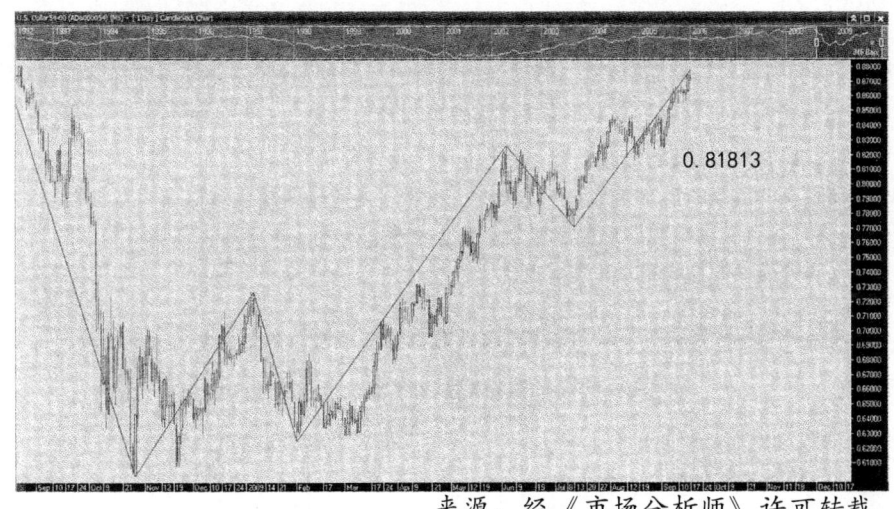

来源:经《市场分析师》许可转载

图4-1 扩张和收缩

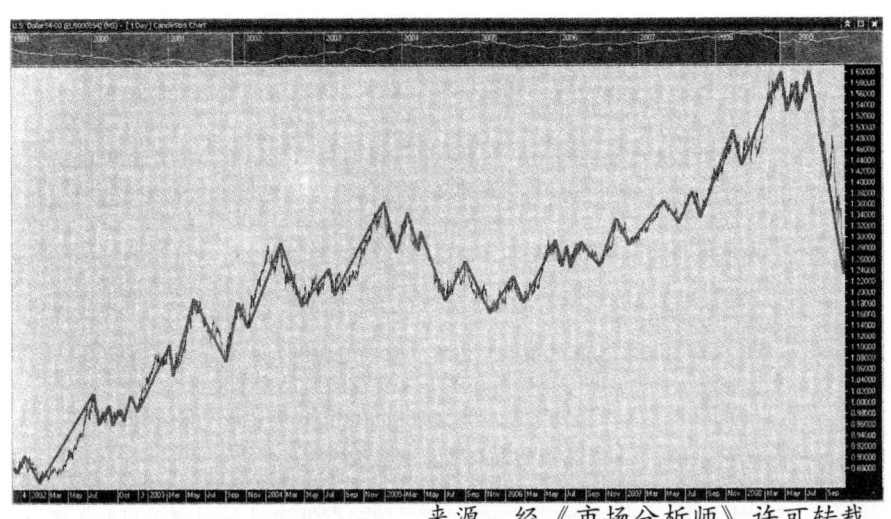

来源：经《市场分析师》许可转载

图 4-2　脉冲和回调

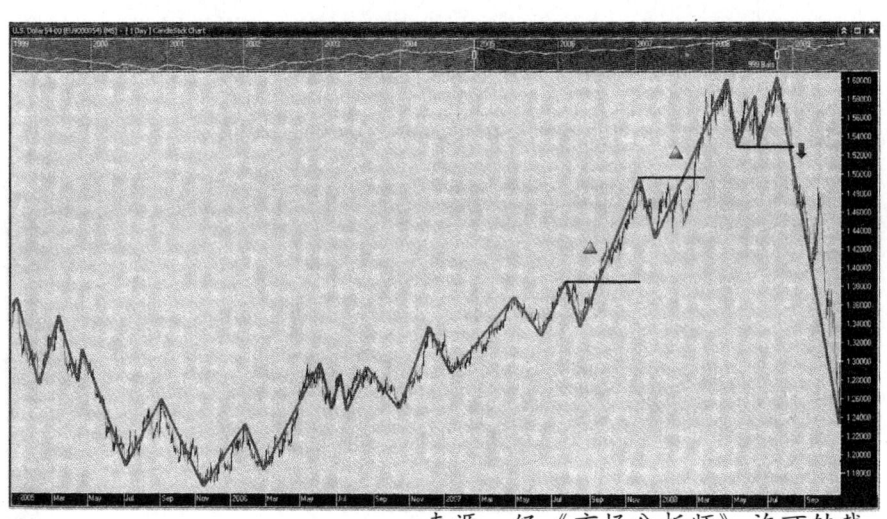

来源：经《市场分析师》许可转载

图 4-3　突破

第 4 章 单边趋势形态

在本章,我们进一步讲解基本的"脉冲-回调-脉冲"形态。在本书中,我们称这种形态为第一类趋势形态。这里我要强调的是,第一类趋势形态只是市场趋势表现的一种版本。同样,我们现在要做的是,理解这一种特定的形态,一旦这种形态出现,就进行交易。记住,对于我们看不懂的形态,我们要忽略它。在这种最基本的模式中,回调模式是在两段脉冲模式中间的。此外,我们假设回调浪较为干净利落,那么新的一波脉冲浪将会至少具有回调浪之前的那一波脉冲浪同样的规模,甚至更大。

在单边趋势市场中,我们可以用移动平均线来作为衡量脉冲浪和回调浪的工具。移动平均线也能够定义我们分析和交易的趋势的时间范畴。移动平均线还能平滑地显示市场趋势,避免我们陷入 K 线上串下跳的困惑中(如图 4-4 所示)。

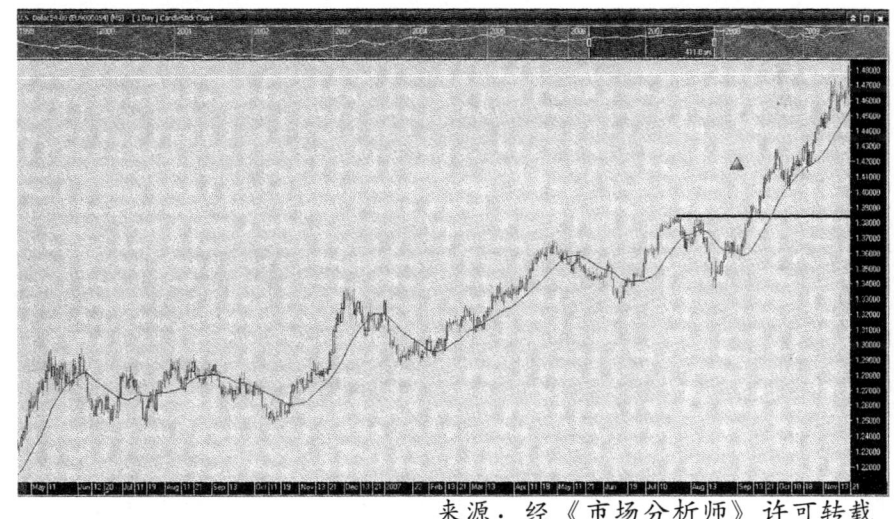

来源:经《市场分析师》许可转载

图 4-4 移动平均线叠加

图4-4展示了第一类的趋势形态。这张图是叠加了移动平均线的K线图。大家应该看得出,移动平均线将K线与K线间的错综复杂过滤掉,显得平滑简单。图4-5是没有叠加K线图的移动平均线。

我们可以看到,移动平均线本身也能够展示区间震荡的一些特征,同时也能展现"脉冲-回调-脉冲"的基本形态。

本章的重点在于介绍第一类趋势形态。在图4-6中,脉冲、回调、脉冲都被标记了出来,而这些是第一类趋势形态的基本要素,不过,它们并不一定持续反复出现。

再看看图4-7,我们想要通过K线图和移动平均线,形成一个持续有效判断脉冲浪和回调浪的方法。我们看到,图中高点不断被突破,低点不断被抬高,因此可以判断这是一个牛市,那么我们可以把图中的上升浪判定为脉冲浪。

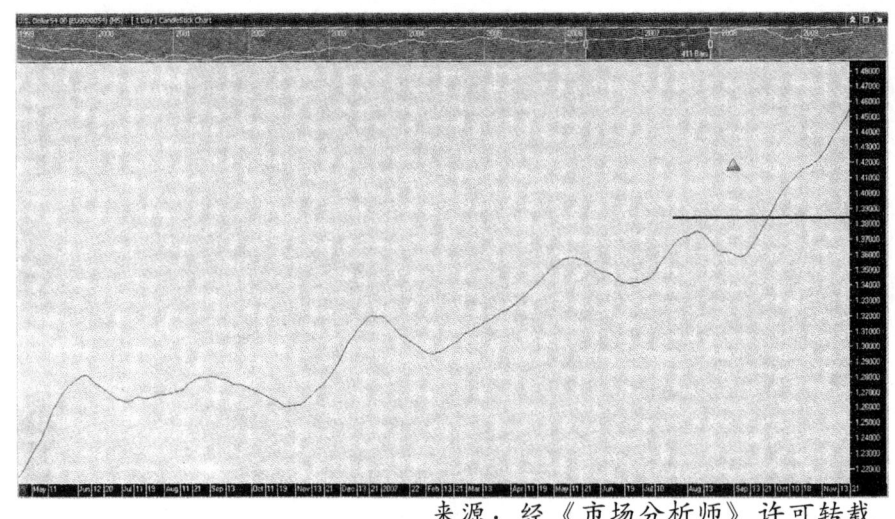

来源:经《市场分析师》许可转载

图4-5 只有移动平均线

第4章 单边趋势形态

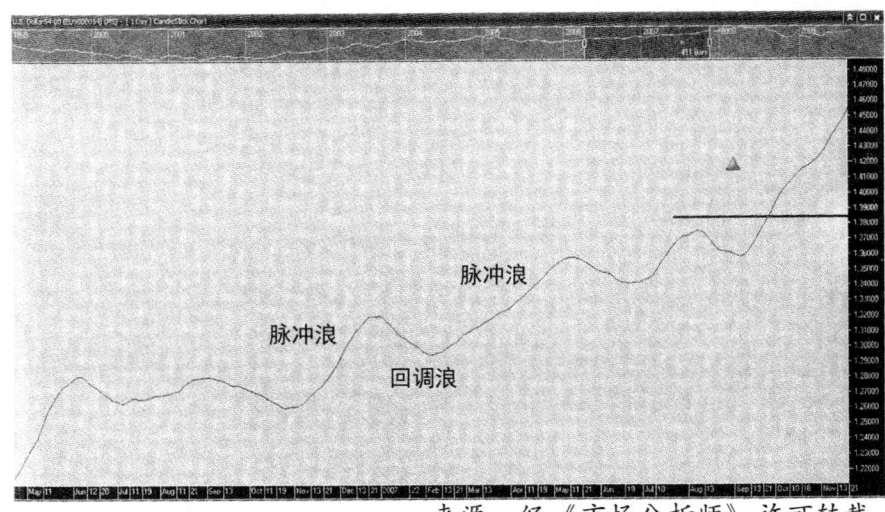

来源：经《市场分析师》许可转载

图4-6 第一类趋势形态

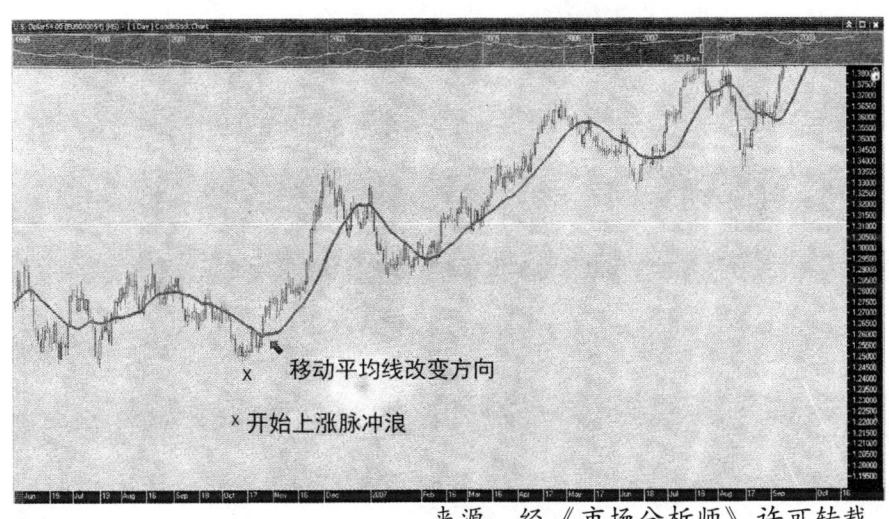

来源：经《市场分析师》许可转载

图4-7 判断脉冲浪

以下是几个判定上升脉冲浪的方法：

1. 移动平均线的趋势必须从向下转为向上。

2. 脉冲浪比移动平均线更早地开启上升趋势，转向的起点我们在图中标记为"X"。

3. 上升的脉冲浪必须穿过移动平均线，一直触及图4-8中标记的阶段性顶点A。

4. 如图4-9所示，之后市场转为调整浪，移动平均线也随后转向。调整浪在B点结束，开启另一上升脉冲浪。这里需要注意的是，从阶段顶点A到阶段低点B，调整浪需要下穿移动平均线。

显然，如果我们事先知道在B点调整浪结束，那么在B点选择买入，获取下一上升脉冲浪至C点的利润，是非常明智的选择，然而，现实是我们永远都无法确定调整浪什么时候结束。

5. 在交易中，我们面对各种不确定性，而这些可以分类为：

a. 质量好、低风险、高回报的机会；

b. 质量差、高不确定性、高风险的机会；

c. 我们只希望执行属于a类的交易机会，而忽略b类机会。

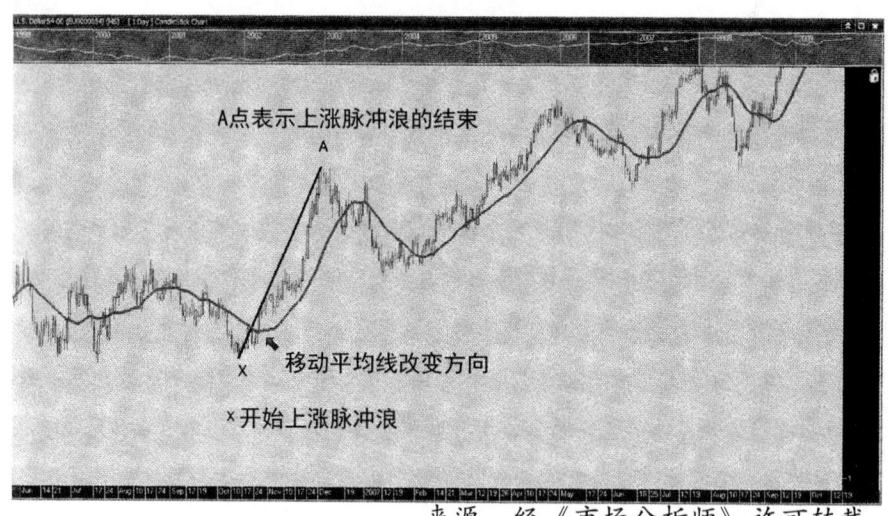

来源：经《市场分析师》许可转载

图4-8 脉冲浪的判断

第4章 单边趋势形态

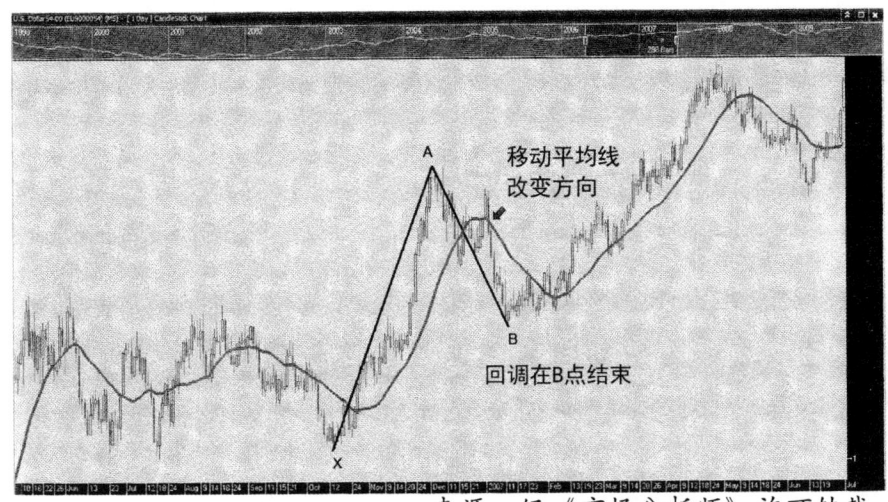

图 4-9　判断调整浪

6. 只有当收盘价回到移动平均线之上时，我们才能更确定回调的结束（见图 4-10）。

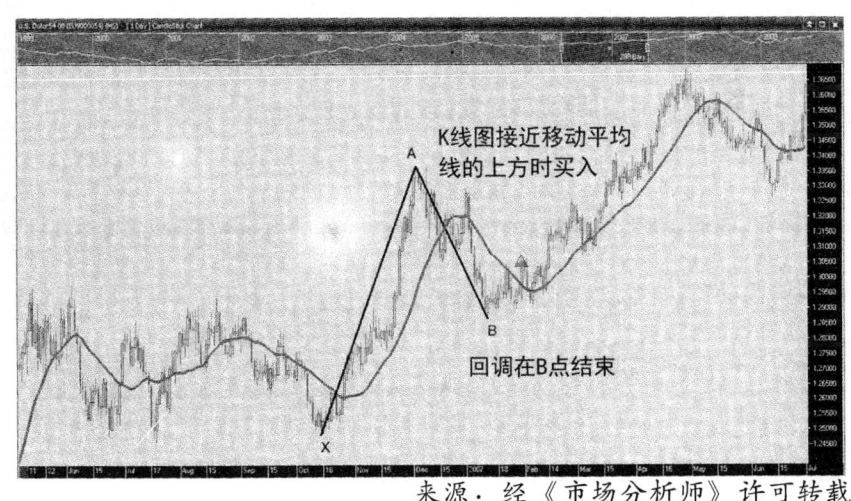

图 4-10　回调结束

7. 如图4-11所示,市场价格继续展开另一波上升脉冲浪,直到C点。

8. 用日本合气交易法的术语来说,从X点到A点的上升浪中,我们一直在观察买方力量的强弱,然后耐心等待调整浪的出现。我们评估到在AB调整浪中卖方力量较弱,那么我们可以直接大胆买入,对抗调整浪中的卖方。正如此前我们在合气道核心原理中描述的那样,只要强势一方展现出力量和意图,我们就直接跟随进入市场对抗弱势力量(如图4-17所示)。

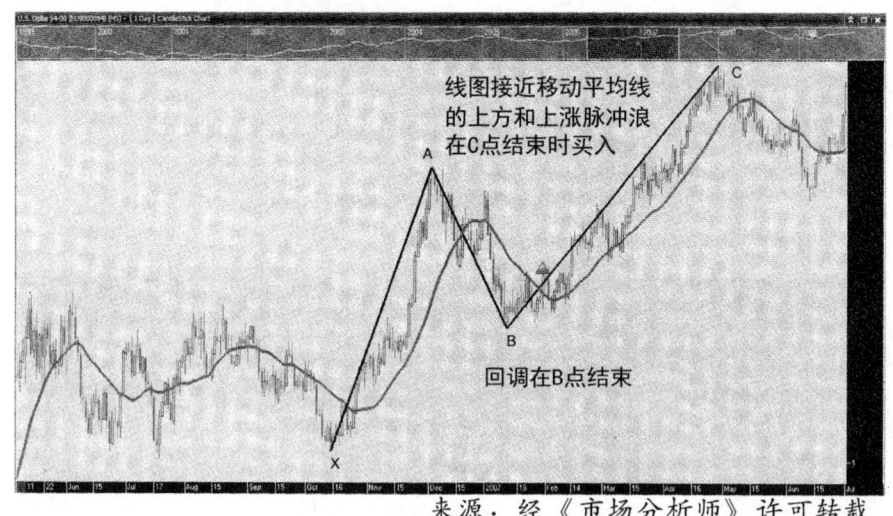

来源:经《市场分析师》许可转载

图4-11 看涨的第一类趋势形态

同样,如图4-12,我们可以用这些类似的规则来定义下跌的脉冲浪、弱势的反弹以及另一波下跌脉冲浪:

第4章 单边趋势形态

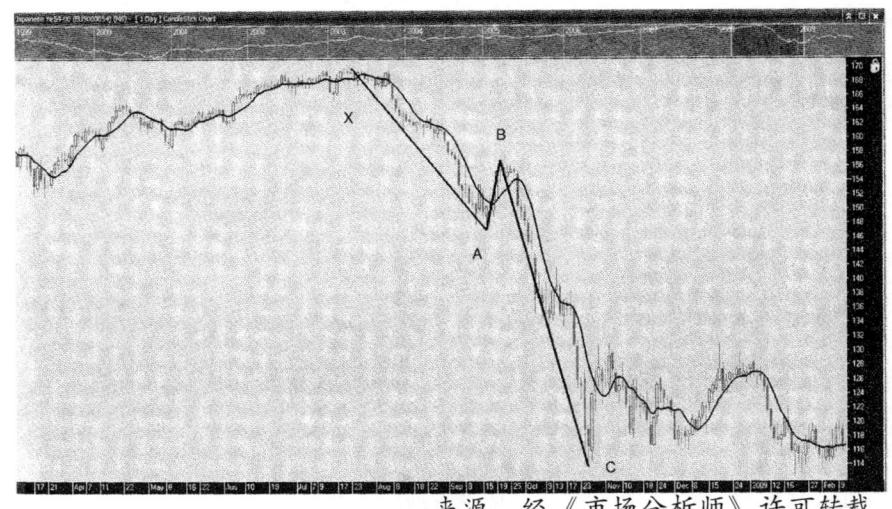

来源：经《市场分析师》许可转载

图4-12 看跌的第一类趋势形态

1. 移动平均线的趋势必须从向上转为向下。

2. 脉冲浪比移动平均线更早地开启下跌趋势，转向的起点我们在图中标记为"X"。

3. 下跌的脉冲浪必须穿过移动平均线，一直触及图中标记的阶段性低点A。

4. 之后市场转为调整浪，移动平均线也随后转向。调整浪在B点结束，开启另一下跌脉冲浪。这里需要注意的是，从阶段低点A到阶段顶点B，调整浪需要下穿移动平均线。

5. 在交易中，我们面对各种不确定性，而这些可以分类为：

a. 质量好、低风险、高回报的机会；

b. 质量差、高不确定性、高风险的机会；

c. 我们只希望执行属于a类的交易机会，而忽略b类机会。

6. 只有当收盘价回到移动平均线之下时，我们才能更确定反弹的结束。

移动平均线的作用在于定义时间周期、脉冲浪、调整浪以及下一波脉冲浪开启后的入场信号。

因此，我们要对第一类趋势形态进行交易，必须首先等待 XAB 形态的形成，然后我们假设市场还会再延续一波脉冲浪，来完成第一类趋势形态。我们的入场信号是，上升趋势形态中，我们等待收盘价回到移动平均线之上，回调结束（如图 4-11 所示）；下跌趋势形态中，我们等待收盘价回落到移动平均线之下，反弹结束（如图 4-12 所示）。记住我们此前用合气道打的比方，当我们发现买方很弱时，一旦强势卖方出现，我们就立即入场。

这里我需要再次强调的是，市场并不关心我们是买还是卖，无论我们持有什么仓位，是满怀希望还是充满恐惧，市场依然会按照它的运行原理到它想去的位置。因此，我们做的每一笔交易都可能会带来盈利或者亏损。我们不仅要能接受盈利带来的愉悦和开心，也要能接受亏损带来的难受和痛苦。我还要强调的是，我们获得交易成功的必经之路是确保我们亏损可控，被控制在财务承受力和心理承受力的范围之内。

识别和交易第一类趋势形态

在我们针对第一类趋势形态所做的交易计划中，我们的第六步的判断基础是：市场一般在调整后还会继续一波脉冲浪。我们通过识别调整浪的结束作为入场信号，然后做出与预期的脉冲浪方

第4章 单边趋势形态

向一致的交易，期待市场价格走向 C 点，然后获利。我们接下来用一些历史出现的情况作为例子，练习如何识别和交易这种特定的形态。

在回顾某段历史 K 线图时，我们可以向自己提问，接下来出现的市场行情更可能是单边还是区间震荡？我们选取 21 根 K 线的移动平均线作为定义时间周期和趋势的工具，我们称之为 MA21。首先，我们问自己：MA21 的趋势是朝哪个方向？一旦我们发现市场出现了一波上涨或者下跌的脉冲浪，我们可以把浪的起点标记为 X，然后我们看图 4-13，可以问自己图上的几个问题，可以看到，MA21 的趋势是朝下的，且低于上一个 MA21 的低点，这代表市场要么处于区间震荡模式，要么可能会在第一类交易形态的初期；此外，我们可以看到目前这一波下跌行情并不像小规模的回调行情，而更像是下跌的脉冲浪。

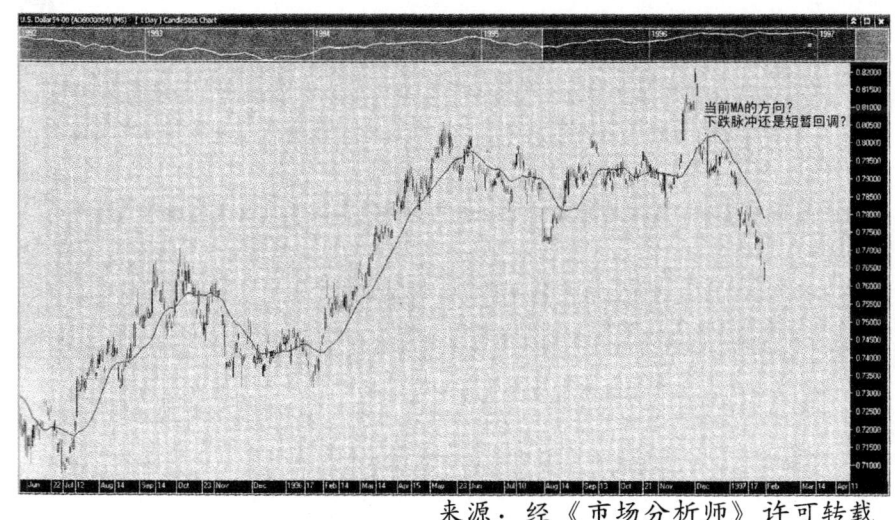

来源：经《市场分析师》许可转载

图 4-13 第一类趋势形态的确认练习

图4-14给我们展示了这个标记的过程。这一波向下的脉冲浪的起点在图中标记为X，但为什么我们标记的A点要打一个问号？因为市场并没有确认A点就一定是此次脉冲浪的低点，还有可能会继续走低。那么一旦继续下跌，A点就不一定是我们现在标记的这里。只有等到移动平均线也开始转向，我们才能对A点更有把握，而图4-14中，移动平均线还在继续向下，因此我们只能说，在21根K线的移动平均线所定义的时间周期里，还没有出现代表第一浪结束的反弹浪（调整浪）。

来源：经《市场分析师》许可转载

图4-14 标记脉冲浪

图4-15中，市场出现了一波调整浪，通过MA21我们可以看到，移动平均线已经从向下的趋势转头向上。

第4章 单边趋势形态

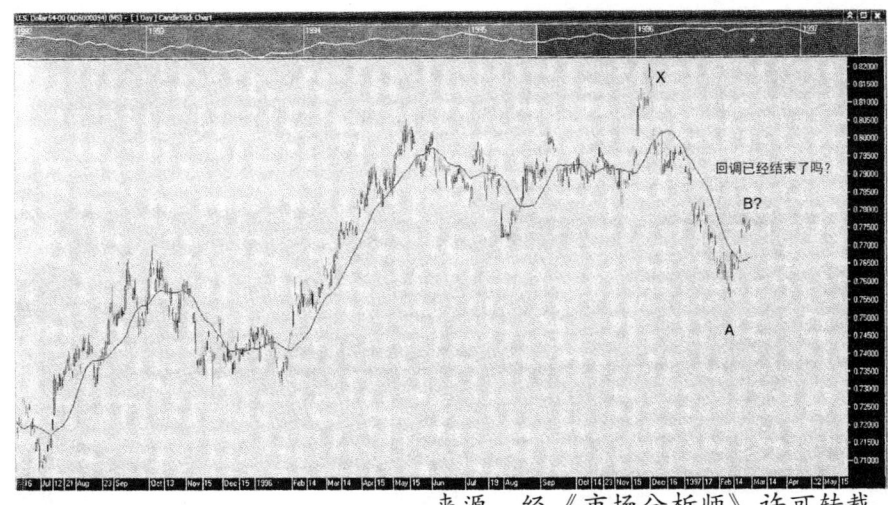

来源：经《市场分析师》许可转载

图 4-15 标记回调浪

那么，我们认为第一波脉冲浪在 A 点已经结束，因此把问号去掉，我们现在有了 XA 浪，然后我们在 B 点打个问号，因为我们不确定调整浪是否结束——如果收盘价一直保持在移动平均线之上，我们就还不能确认 B 点。

在图 4-16 中，我们看到市场已经在 MA21 之下收盘，我们可以认为调整浪也结束了，可以把 B 点的问号去掉。到现在为止，我们已经识别出了 XA 脉冲浪，以及 AB 调整浪。

市场在 MA21 的下方收盘，不仅代表调整浪的结束，还代表市场准备开启新的一波脉冲浪；也就是说，当买方的力量在调整浪显现出弱势，那么强势的卖方就会重新掌控市场。我们可以回顾第 1 章中的示意图，从武术的角度重新强调这一点。

因此，当市场在 MA21 的下方收盘，我们就有了入场交易的信号。还记得吗，第一类趋势形态有两个主要的脉冲浪，它们中间夹着一个调整浪。这两个脉冲浪是相同方向的，而调整浪是跟脉冲浪相反方向的。在这个例子中，我们预期接下来还有一波跟 XA

脉冲浪规模相当的下跌脉冲浪。我们已经入场做空，因为我们预期接下来第一类趋势形态应该会继续发生。这一交易也融入了我们的合气交易法，即对手表现较弱时，我们要采取直接攻击法。

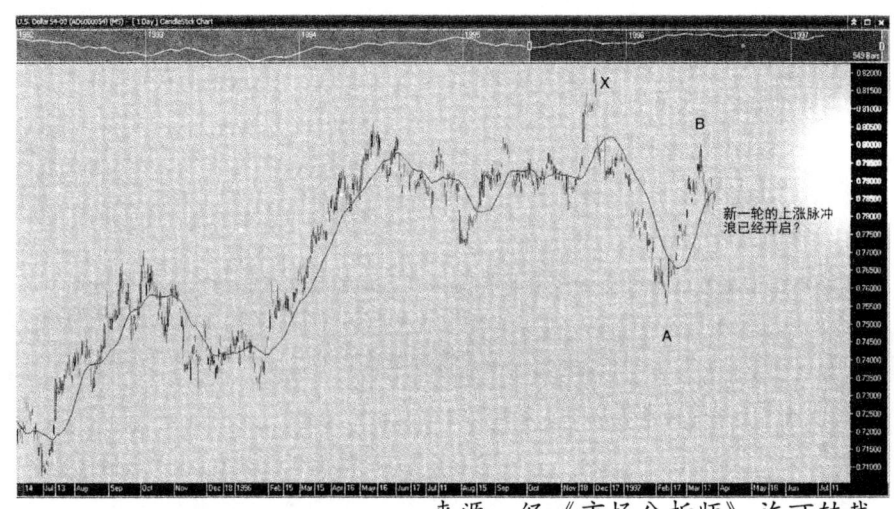

来源：经《市场分析师》许可转载

图 4-16　回调结束

　　这里我们要再次强调，从武术原理来说，当我强敌弱时，直接出招制服对方是明智的。在这个例子里，买方力量推动的调整浪相对弱势，那么我们的立场就是一旦买方力量耗尽，我们立即卖出。接下来，我们可以预期新的一波下跌脉冲浪，而我们的卖出头寸与这一波强势卖方力量可以和谐相处。

　　一旦我们入场，我们所能控制的就只是我们的出场点位。我们必须谨记，我们没办法改变任何市场的方向，无论我们持有什么仓位，是满怀希望还是充满恐惧，市场依然会按照它的运行原理去它想去的位置。如果市场同意我们对未来走势的分析，那么我们会得到盈利奖赏，如果市场不同意我们的分析，我们就要遭受损失。

　　那么，我们要及时思考，一旦我们的分析错误，市场将会变成怎样？通过思考这一点，我们提前做好出场策略安排：一旦市场不按照我们预想的方向运行，我们如何应对才能避免过大的损失。

来源：经《市场分析师》许可转载

4-17 控制弱力

止损出局的计划

在策划和实施我们的交易计划时,我们假定市场的调整浪在 B 点结束。因此,在我们入场做空后,如果市场继续朝着 B 的上方反弹,超过 B 点时,我们需要意识到市场的调整浪还没有结束,我们预期的新一波下跌脉冲浪还没有做好准备。

那么问题的关键是,如何界定当市场朝我们预期的反方向发展时,留给我们的"喘息空间"。很多交易者可能会说,只要突破了 B 点,就代表第一类趋势形态构建失败。然而不幸的是,市场一般倾向于尽可能长地让更多的人受挫。因此,设计一个没那么多人使用、没那么明显的"隐形"出场策略,是最好的。

通常,我们会使用 60 根 K 线的真实波动幅度(ATR60)指标,来作为判断离场标准的工具。这个指标是过去 60 根 K 线的平均波动幅度值。我们将这个指标作为判断 B 点是否是调整浪的结束点的过滤器:如果市场价格突破 B 点的幅度超过 ATR60,我们就可以认为调整浪还没有结束,B 点并没有确定。图 4-18 展示了如何使用 ATR 工具以及入场信号。图 4-19 告诉我们如何计算和插入止损线。

第4章 单边趋势形态

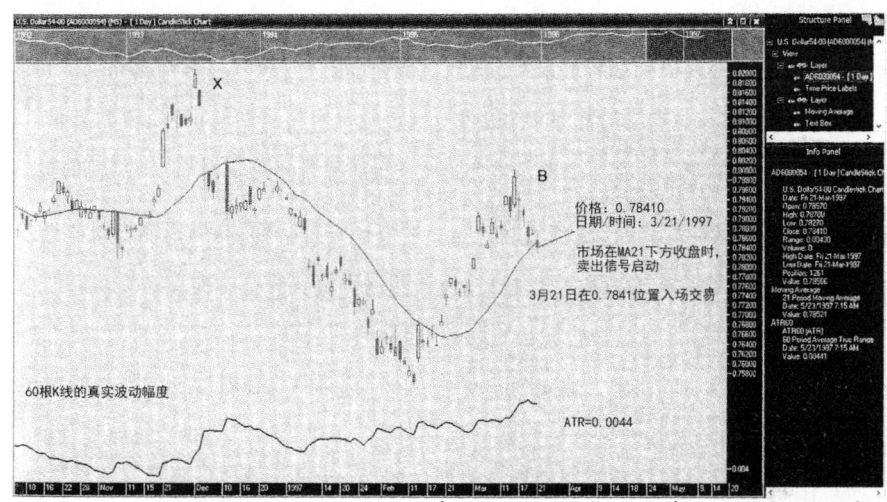

来源：经《市场分析师》许可转载

图 4-18 ATR 工具和入场信号

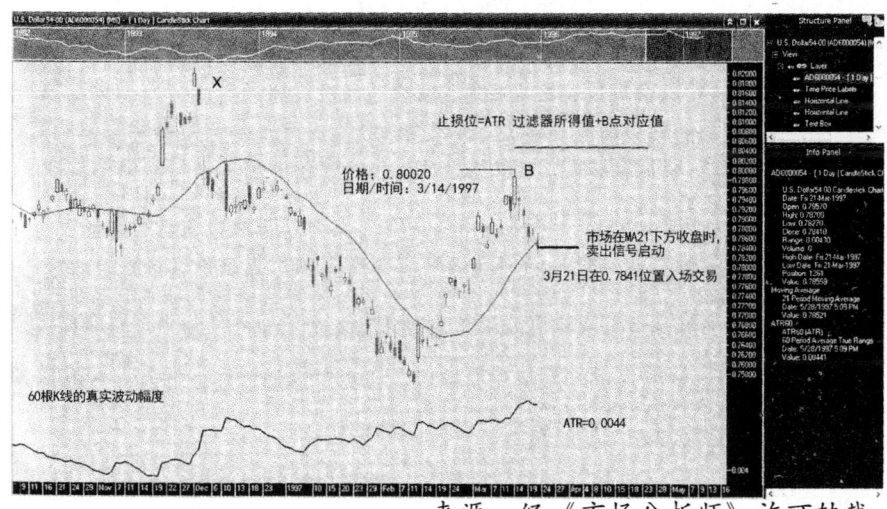

来源：经《市场分析师》许可转载

图 4-19 止损

当市场价在 MA21 的下方收盘时，我们的卖出单入场价位为 0.7841。这里，有些交易者可能会提出反对意见说，"在收盘之前，我根本不知道收盘价是否会在 MA21 下方，所以我没办法判断入场信号，也没办法确保在收盘价买入"。这个反对是站不住脚的。作为交易者，一旦市场已经初步形成了脉冲浪 XA，以及调整浪（B?，只是这里 B 点不太确定）的形态，你必须有足够的警觉性，保持对市场的关注。同样，我们可以使用 ATR60 评估目前市场是否需要我们全力关注：如果市场的价格在入场信号价格的 ATR60 值范围内波动，那就值得交易者在临近收盘时认真专注地监控市场的收盘价。

用这种方法确定的 B 点价位是 0.8002，而 ATR60 的指标值为 0.0044，那么我们的止损价格计算结果为 0.8046。

结构性风险

前面我们一直在学习如何识别第一类趋势形态，以及如何设置一种比较少人使用的"隐形"出场策略。我使用"隐形"一词，希望表达的意思是：止损出场价位应该留有足够的空间，以避免好不容易建立的仓位轻易被不利的价格变动洗掉。这个止损价设置好后，一旦被市场击穿，就意味着我们的交易假设前提很可能错了，也就意味着，我们需要及时止损离场。

因此，我们可以界定每次交易的结构性损失风险就是入场价和"隐形"出场价位之差，这个差值就是这笔交易所预期的亏损（如图 4-20）。我们的入场时间在 3 月 21 日，价位是 0.7841，我们的止损价位是 0.8946，那么我们预期的亏损就是 0.0205。

第 4 章 单边趋势形态

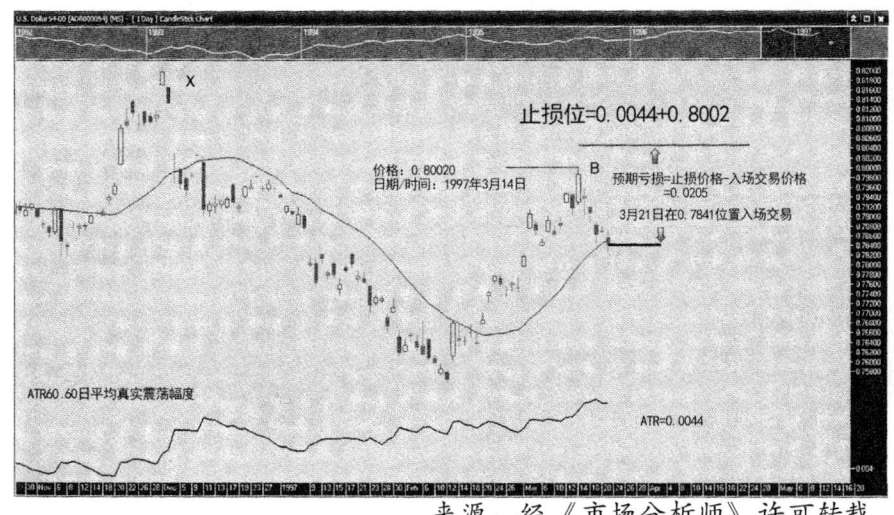

来源：经《市场分析师》许可转载

图 4-20 预期的交易亏损

止盈离场策略

我们已经计算了这笔交易伴随的结构性风险，而这也是我们的止损离场情景。如果市场朝着我们预期的方向发展，我们同样也需要制定一个止盈离场的策略，才能最终获得正确判断我们的盈利。

同样，我们习惯性地采用盈利风险比的概念。因为我们还处于新手练习的阶段，只要盈利风险比高于 1.80，我们都已经很满意了。在图 4-20 中，我们的结构性风险为 0.0205，我们可以算出我们在 1.80 的盈利风险比下，止盈的利润目标为 0.0369（0.0205×1.80）。鉴于我们的卖空单的入场价位是 0.7841，那么我们止盈出场的目标位是 0.7472（0.7841-0.0369）。

这里我还要啰唆一下关于交易计划的好处。交易计划可以帮助我们处理市场的不确定性和情绪压力，正是这些不确定性和压力折磨着很多交易者，让他们从持有仓位后开始就变得不理智。有了交易计划,我们知道什么时候离场,无论盈利还是亏损,我们都坦然接受。我们要做的,就是等待市场出结果,要么接受我们预期的亏损(如图4-21),要么获得我们预期的收益(如图4-22)。

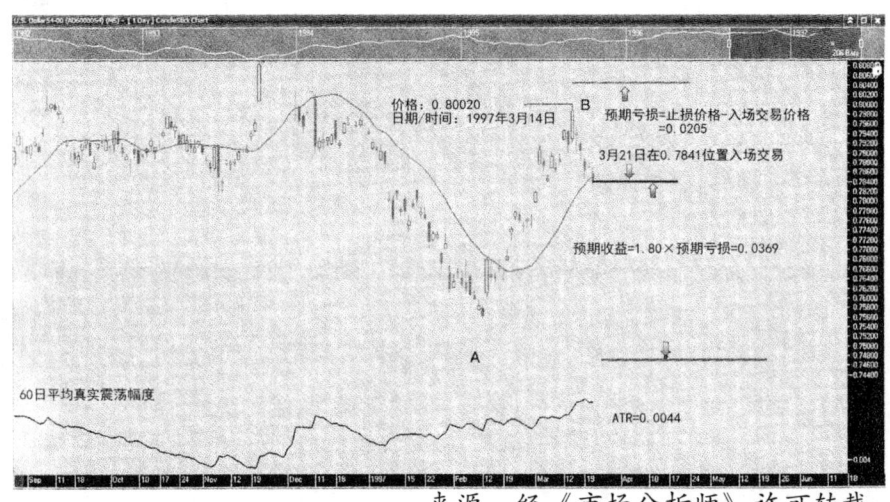

来源:经《市场分析师》许可转载

图4-21 止损离场和获利离场计划

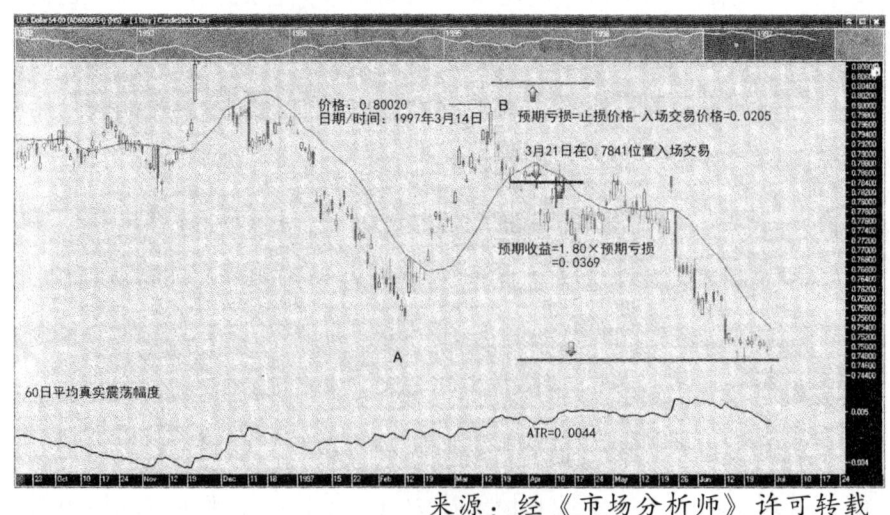

来源:经《市场分析师》许可转载

图4-22 市场决定交易结果

新一波的脉冲浪能够得以延续吗？简单的答案是，能。那为什么我们还要离场？我们离场，是因为我们还处于新手练习的阶段，我们还在建立自己的经验数据库。如果我们坚持按照制定的交易计划离场，可以有更多的机会去练习第一类趋势形态的识别能力。随着交易经验越来越丰富，我们会在制定交易计划、执行入场和离场策略方面都会变得更加得心应手。

我们还要继续寻找这一类形态的交易机会，至少操作 30 个类似的案例，这样才能积累足够的数据库，来逐个分析检查我们交易计划执行过程的好坏。假设我们的交易计划的执行是没有问题的，那么这些交易结果就能够判断，基于第一类趋势形态的交易机会是否总体能够给我们带来积极的回报。如果我们有 30 个以上这一类形态交易案例的数据，那么这个统计结果就是有效的，比较有说服力的。

时间周期及移动平均线的选择

在上面的例子里，我们选择的是 21 根 K 线收盘价的移动平均线，其实我们可以在众多斐波那契数字里面选择一个，只要我们选择的数字在周期长短来说是有逻辑根据的。

斐波那契是 13 世纪一位很有名的数学家的名字，他的原名叫列奥纳多，他的父亲威廉，外号"波那契"（意即"好"、"自然"或"简单"），因此列奥纳多也被称为"波那契之子"。随着时间的推移，这一称呼最终变成了"斐波那契"。在本书的第 7 章，我们会详细介绍斐波那契理论,以及讨论如何将斐波那契理论在交易中进行运用。在本章,我们准备使用一些斐波那契数列,因此提前简单介绍一下这一理论。

斐波那契发现了以两个简单的整数 0 和 1 开始的一个数学运算公式,斐波那契数列的下一个数字是前两个数字的和,因此,斐波那契数列如下:

0,1,1,2,3,5,8,13,21,34,55,89,144,233……

在本章,我们会用到 4 个斐波那契数字:8,21,55 和 233。

一周有 5 个交易日,因此一个简单的 5 日移动平均线能够代表一周的趋势。我们也可以用 8 日移动平均线来代替 5 日移动平均线。如果我们选择 8 日移动平均线来反映一周的周期走势,那么我们要持续使用 MA8 来进行分析。

用同样的逻辑,一个月有大概 22 个交易日,因此我们可以在日 K 线图上选择 21 根 K 线周期的移动平均线,作为观察一个月周期的市场趋势。需要澄清的是,我并不是说趋势只持续一个月,但通过 MA21 可以看出市场在过去一个月市场处于区间震荡形态或波段上涨形态。

一个季度大概有 65 个工作日,因此通过 MA55 可以很好地代表过去一个季度的趋势。

同样的,一年有 260 个工作日,因此 MA233 将很好地反映过去一年的趋势。

因此,我们在移动平均线的周期选择上使用 8、21、55、233 这几个斐波那契数字,这几个数字的移动平均线不仅可以针对日 K 线,也可以针对任何日内的周期,例如小时图等。

图 4-23 中显示了 MA8 和 MA21。我们可以观察到一个重要的现象：MA21 的走向决定了 MA8 的走向。我们把 MA21 代表的浪标记为 XA，在 XA 浪中，更小周期的移动平均线 MA8 表现出第一类趋势形态——可以明显看出，周期短的移动平均线的运动幅度要小于周期长的移动平均线。

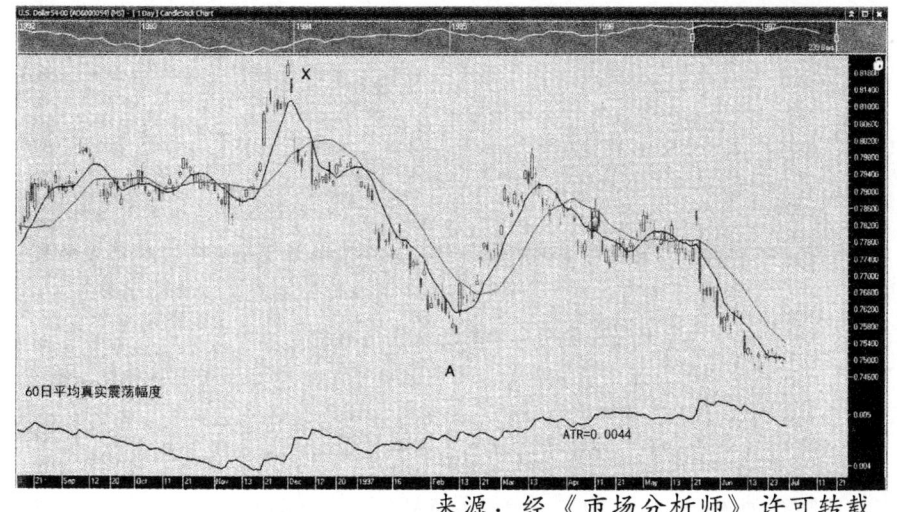

来源：经《市场分析师》许可转载

图 4-23　显示 MA8 和 MA21

这个观察结果很重要，也是理解市场的关键。我们可以把这个发现比喻成武术中的圆周运动：在一个大圆中，也可以有不同的小圆。对于初学者来说，大圆比较好理解，但小圆就难以捉摸。随着初学者慢慢熟悉大圆中的小圆，他对武术的理解和造诣也就逐渐深入。同样，合气交易者也必须逐步加深对市场的理解，必须能够看到、想象并理解更长周期的趋势（大圆）对小趋势（小圆）的影响。

图 4-24 中显示了 MA55 和 MA233。我们利用指数运算法来计

算这两个值，而 MA8 和 MA21 会用简单运算法。

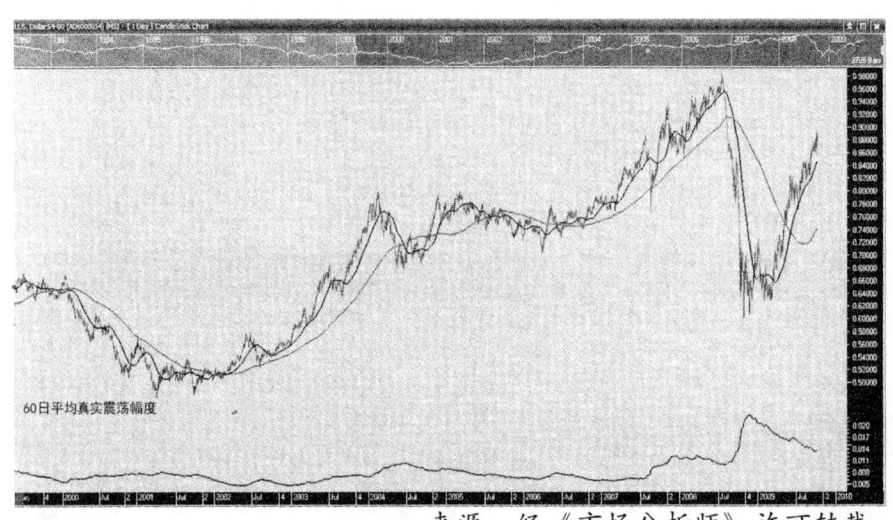

来源：经《市场分析师》许可转载

图 4-24　MA55 和 MA233

通过上述观察，我们是否明白了不同周期的移动平均线的不同表现特征和相互之间的关系？当 MA233 向下时，MA55 很大可能也是向下的。当 MA233 朝上时，MA55 也很可能同样朝上。同时，我们还可以看出，MA55 可以帮助我们发现第一类趋势形态。我们可以推出如下结论：市场行为在本质上是碎片化的，长周期的趋势能够清晰地指引我们短周期最有可能的趋势。这一结论在任何自由交易的金融市场都是成立的，不管是外汇、股票或者期货。

即便我们只做日内交易，我们也可以通过这几种移动平均线（MA8、MA21、MA55、MA233）来判断不同周期的市场趋势。不过注意，我们对前两种移动平均值的计算是运用简单运算，而后两种是指数运算。我们对这种方法很有信心，因为它是建立在市场行为碎片化的本质之上的。第一类趋势形态和区间震荡形态可

第4章 单边趋势形态

以在任何时间周期中出现，我们只需要选择最适合我们心理和性格的时间周期来交易就可以了。接下来让我们讨论下如何将时间周期跟交易者的个性进行匹配。

一个极度活跃的交易者的行为模式是，他经常需要不停地甚至疯狂地操作。对不停交易的需求导致他必须进行更短周期的短线交易。交易者越是活跃，他喜欢的K线周期越短。有的交易者观察的时间周期非常短，例如看15分钟K线图。如果要拿武术做比方，短线活跃交易者就相当于武术中的近距离作战者，可以在很短的时间内快速变换攻击、防守、反击等一系列动作。

耐心的交易者更愿意选择长周期来获取更大的利润。一般来说，耐心的长线交易者一般看月线图，看21日移动平均线的趋势，而短周期，例如1小时图，对他来说是干扰交易的"噪音"。当然，长线交易者也会选择在低风险区域根据更短周期的K线图来选择具体的入场点。如果拿武术打比方，长线交易者更像长距离作战者，通过耐心的观察，选择时机进行大规模的攻击，而不是一系列小动作。当然，一旦他通过评估认为市场出现低风险、高获利的机会，他也会主动出击采取近距离作战术，来获得先发优势。很显然，短线交易者和长线交易者所需要的资源、资金都不一样。因此，我们需要根据我们对自身的了解，以及自身的资金实力来选择合适的交易周期。记住孙子兵法中的告诫——知己知彼才能百战百胜，只有这样，我们才能更好地将交易周期和性格进行匹配。

在下一章，我们主要讨论成功突破形态，来进一步拓展我们对市场的认识——随着知识面和理解能力的增强，我们将发现和捕捉更多新的交易机会。

第5章　成功的区间突破

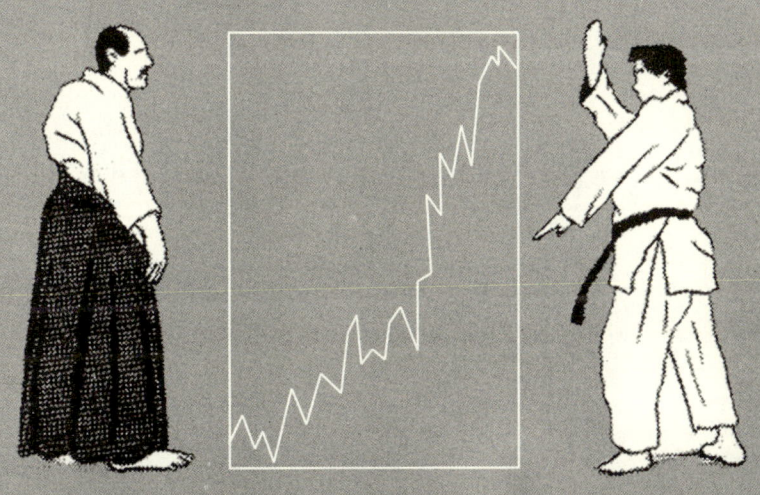

第 5 章 成功的区间突破

在本书的第 3 章，我们学习了区间震荡形态。这种形态下交易获利的前提是：70%的区间突破都是假突破，最终价格还是会回到震荡区间内；也就是说，区间震荡形态下突破的可能性有 30%。本章我们尝试探寻成功突破震荡区间的影响因素和条件。

我们继续验证第一类趋势形态。这一形态有两个基本的原则或条件：首先必须要有一波脉冲浪，这是单边趋势的重要组成部分；第二个要求是有某种形式的调整和趋势的暂缓，一旦调整结束，市场倾向于突破区间，延续之前的趋势。因此，判断市场的主要趋势非常重要。为了实现这一点，我们在图中加入移动平均线 MA233 和 MA55。从图 5-1 中我们可以看到，MA55 在 MA233 之上，且二者的趋势都是向上的。这代表着更短周期的 MA21 的趋势也是向上的，据此，我们就可以推断，任何区间突破都很可能是向上突破。当然，向下的突破并不是没可能发生，只是我们将它归类为低概率、高风险事件。因此，当我们认为向上的趋势还会持续时，我们的选择是做多而非做空。

我们现在将 MA21 和 MA8 加入图中。正如图 5-2 所示，利用 MA21 作为时间周期和入场信号，我们可以像上一章讲到的那样，快速识别和交易第一类趋势形态。

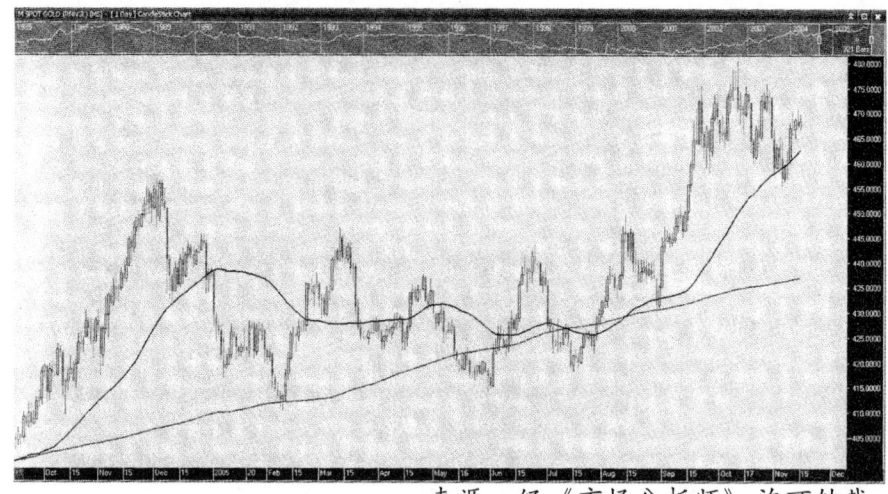

来源：经《市场分析师》许可转载

图 5-1　MA55 和 MA233

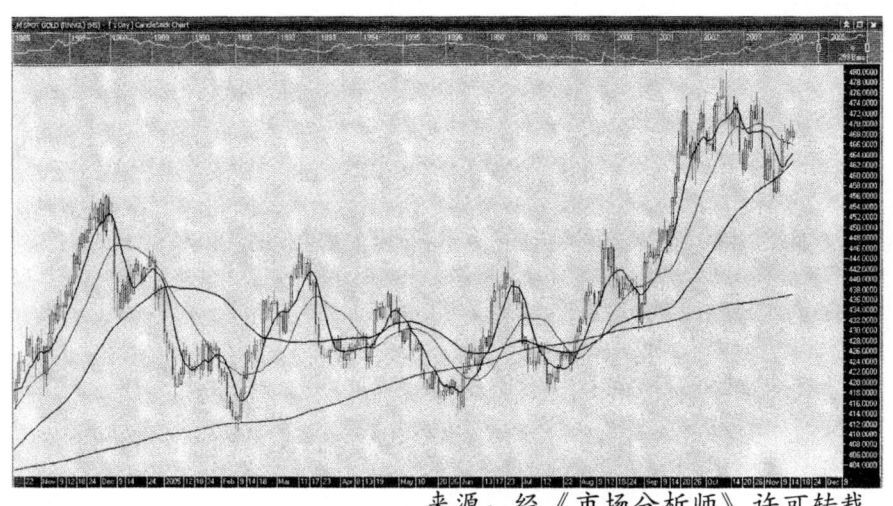

来源：经《市场分析师》许可转载

图 5-2　MA8、MA21 和 MA55 以及 MA233

不过在这一章中，我们的重点在于识别和交易另一种大概率低风险的交易机会——区间突破。我们可以推断出，此时如果市场成

第5章 成功的区间突破

功突破区间,那么应该是上涨突破区间上沿。下一步就是识别震荡区间。

我们用类似第一章提到的方法,我们用8这个数字来识别顶部和底部区间。也就是说,在顶部K线的左右都应该至少有8根K线。如图5-3所示,我们可以找到两个顶部来判断突破是否有效。

这两个顶部哪一个是判断突破成功与否的关键顶部呢?我们可以看出市场处于扩张的区间震荡形态,因此关键顶部是图5-3中的黑色实线。

我们现在引入60个周期平均真实波动区间(ATR60)的概念。正如我们此前提到的,ATR60是指60根K线的平均波动幅度。从图5-4中,我们可以算出ATR60的值为5.45。

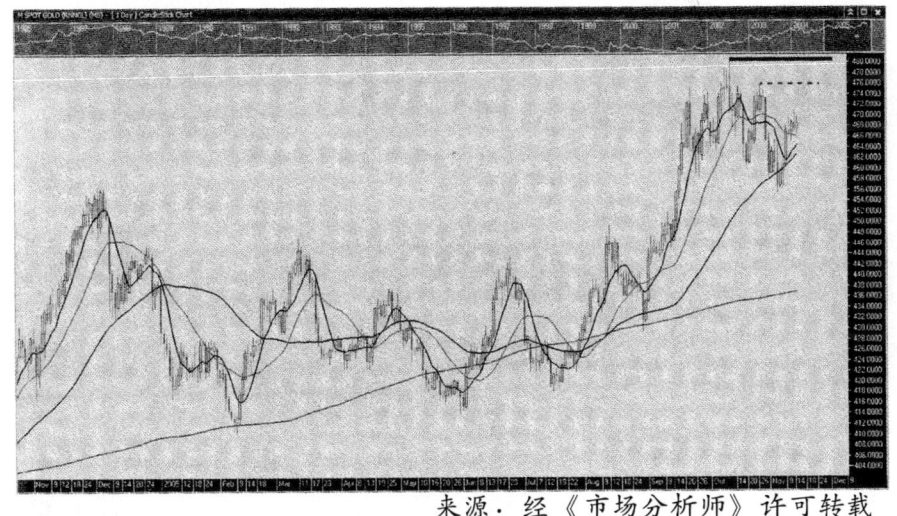

来源:经《市场分析师》许可转载

图5-3 识别区间顶部阻力位

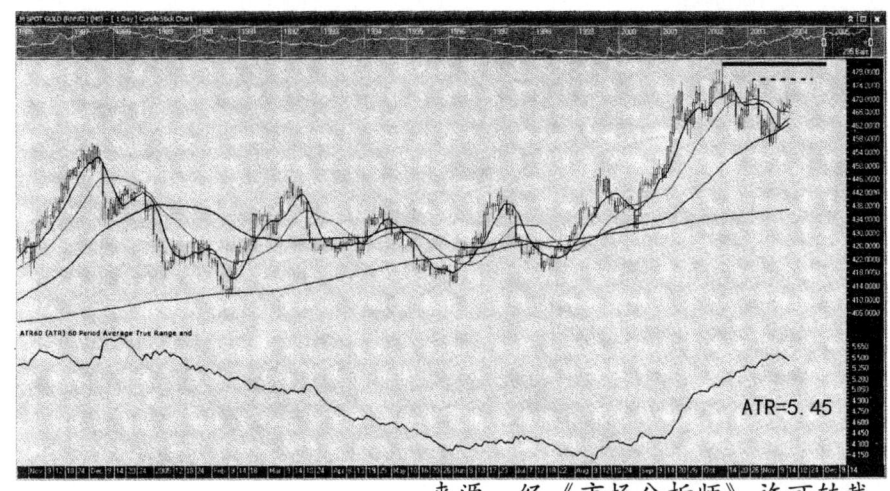

来源：经《市场分析师》许可转载

图 5-4　引入 ATR60 工具

在图 5-5 中，有一根上涨 K 线突破了顶部的虚线阻力位。这根 K 线的波动幅度有 10.88 点。这说明此时的买方力量强于常态，而且此时的 ATR60 值也跟随扩大：从图 5-4 中的 5.45 扩大到图5-5 中的 5.54。

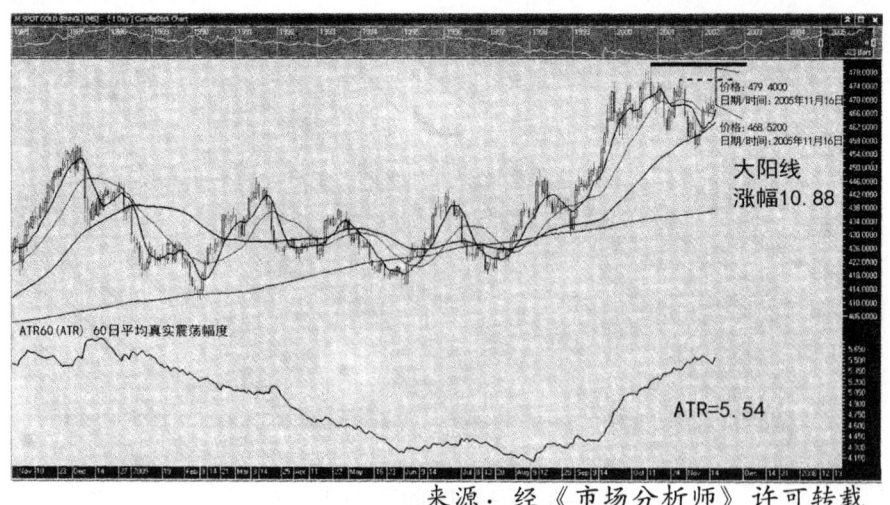

来源：经《市场分析师》许可转载

图 5-5　中间突破的 K 线

第 5 章　成功的区间突破

这对于我们来说是一个警报。我们可以看到买盘力量在清晰地展现出力度。然而，市场并没有突破扩张的震荡区间顶部。我们需要继续密切关注可能发生的突破，而在图 5-6 中可以看到突破的 K 线。

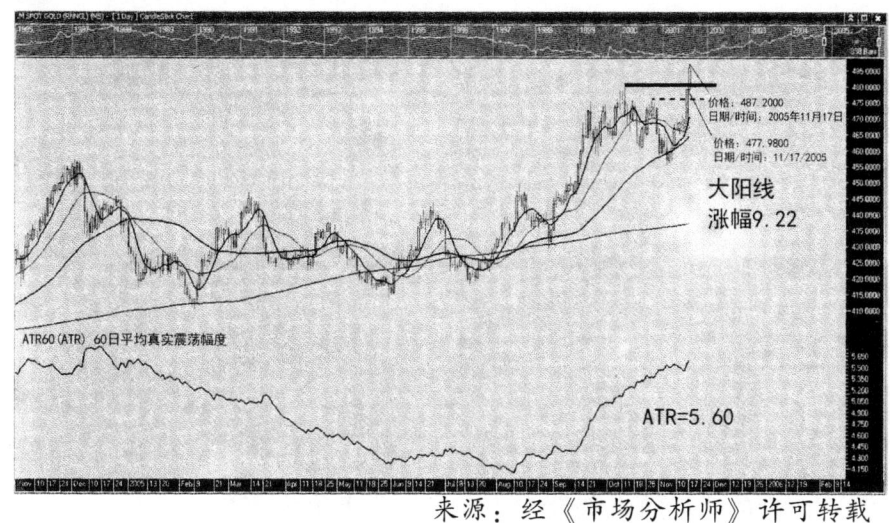

来源：经《市场分析师》许可转载

图 5-6　突破的 K 线

这根 K 线代表着什么？首先，它是一根大阳线，波动幅度值为 9.22 点，而且这个突破是我们预料之中的，毕竟 MA233 和 MA55 都是向上的趋势。其次，这根 K 线的波动幅度超过了过去 60 根 K 线的平均波动幅度，也就是说，突破的这根 K 线的波动大于平均值。这代表着推动价格突破的市场参与者有着很强的力度和决心；还有一种方法可以衡量"价格突破的动能比"，就是简单地将突破的这根 K 线主体高出此前最高点的部分（称作 A），与在最高点下方的部分（称作 B）作比较，图 5-7 展示了计算 A、B 的过程——突破动能就是 A 与 B 的比率。

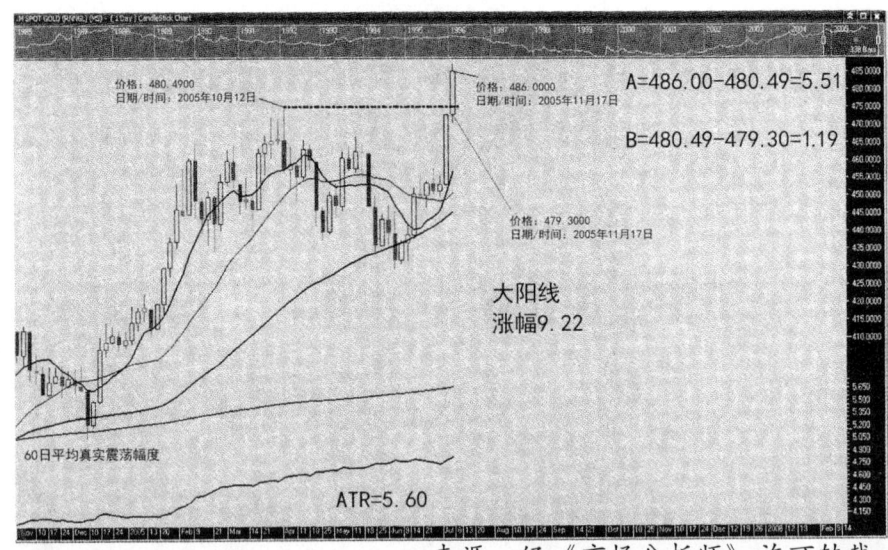

来源：经《市场分析师》许可转载

图 5-7　计算突破动能

在我们的例子中，2005年10月12日的高点是480.49点。突破创新高的当天的收盘价为486点，开盘价为479.30，那么突破的这根K线主体高出此前最高点的部分（称作A），为486.00减去480.49，即A的值为5.51。我们如何计算在最高点下方的突破部分（也称作B）？这是指突破的K线主体介于扩张的震荡区间的部分。我们可以将此前的高点减去突破的这根K线的开盘价，即480.49减去479.30，那么B的值为1.19。因此，突破动能的比率为A和B的比值，即5.51除以1.19，等于4.63。这代表从数学角度来说，趋势的力量足够强，可以克服区间阻力。那么，假设AB的比值小于1，我们怎么评价这个突破的动能呢？我们可以说，如果比值小于1，那么区间震荡的格局更倾向于完好无损。我们判定突破是否有效的标准是，AB的比值至少要大于1，且突破的那根K线的波动幅度必须至少等于ATR60。

从上述例子我们可以看到，突破K线的波动幅度为9.92，大

第5章 成功的区间突破

于 ATR60 的值 5.60，且突破动能比值为 4.63，大于我们的最低标准 1.00。那么，我们有相当强的信心，这个突破会是成功的"海龟风格"的突破。如果要用合气道来打比方，我们可以推断出买盘力量处于强势地位，上涨趋势会持续——不与主要趋势为敌，是明智的选择。合气道的原则教会我们，必须与买盘融和，和谐相处。如果要进一步加深这个比喻在我们脑海的印象，可以再次查看第 1 章中"与强势力量在一起"的图示（图 1-2）。

如果我们决定要进行"海龟风格"的区间突破的交易，我们必须对这个判断有信心。不过，我们要记住，入市后市场要能够给我们持续的信心，验证我们的判断是正确的，我们的交易能够获利。

首先要验证的是，价格突破区间后，突破的势头延续，且没有停滞。突破区间的那根 K 线的幅度代表突破动能的强弱，我们在图中第一根突破区间的 K 线上方标记一个"加号"（如图 5-8 所示）。

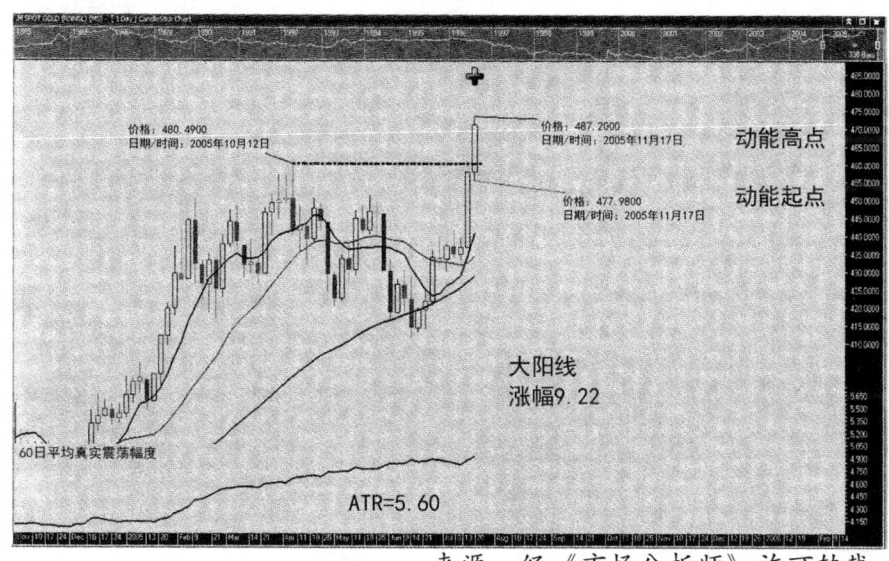

来源：经《市场分析师》许可转载

图 5-8 突破动能

我们期待突破动能进一步增强,以验证突破的有效性。因此,如果价格重新回落到突破的第一根K线的最低点,就意味着要重新考虑我们的判断了。如果真的发生这种情况,我们会在那根K线上方标记一个"减号"。我们继续看这个例子(见图5-9)。

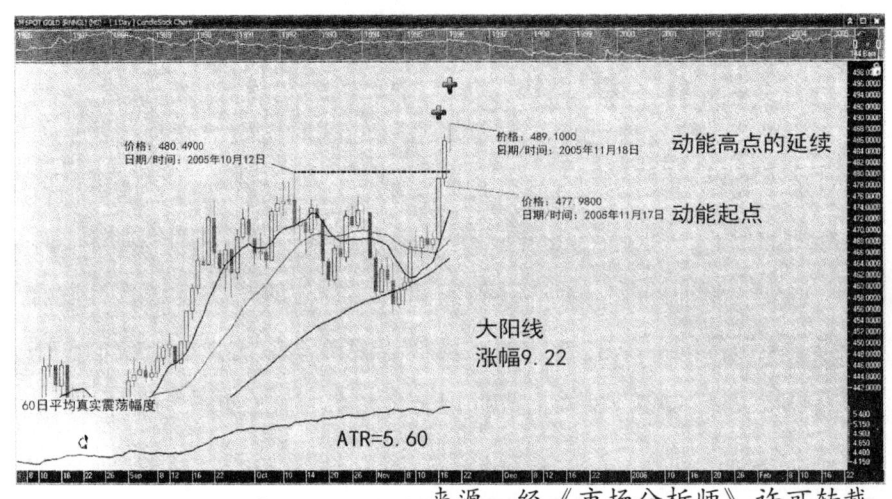

来源:经《市场分析师》许可转载

图 5-9 突破动能持续

我们可以看到价格突破的动能仍在延续,也就是说,突破的力量还在增强。突破的起点并没有被打破,那么我们没有必要标记"减号",但如果真的回落到突破的起点以下,我们就必须严格标记。我们把所有的"加号"标记和"减号"标记汇总,就能得出市场动能如何。如果我们得到三个净"加号",那么我们可以判断市场已经获得了必要的动能来突破区间。图5-10展示了最理想的动能的判断方法。图中有连续三个"加号"。当然,我们也能够接受不连续的动能增强,只要突破的起点没有被击穿。

此前的区间上下沿是用来界定突破的概念,以及突破的K线的力度。第二个验证的标准是市场价格突破后的持久性。在向上

第5章 成功的区间突破

突破区间的情况下，我们需要看到至少五根连续的K线明显位于之前区间上沿的上方；也就是说，当K线突破区间上沿后，价格不能再次回到之前的区间内，而是要明显地在区间上方持续至少五根K线（如图5-11）。

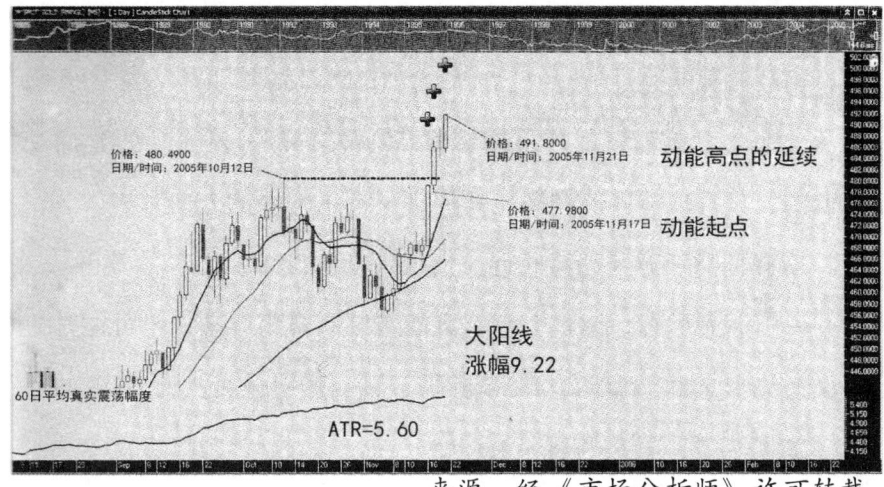

来源：经《市场分析师》许可转载

图5-10 突破动能得到验证

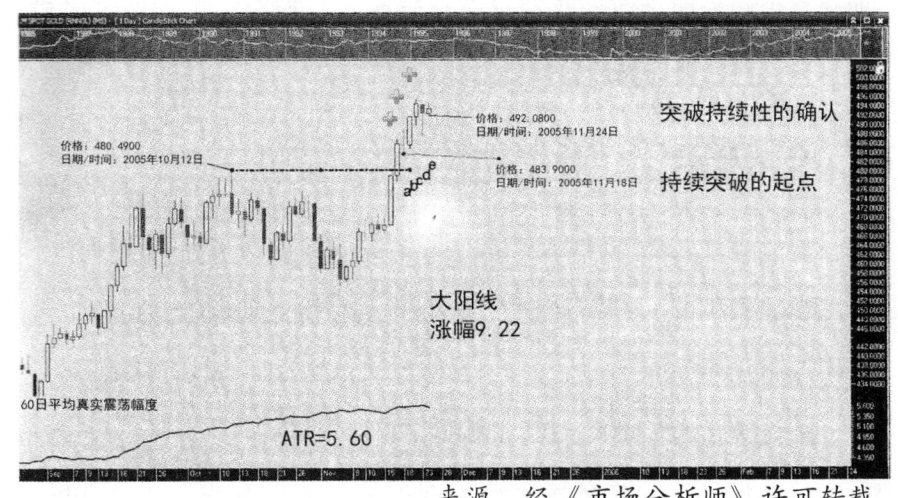

来源：经《市场分析师》许可转载

图5-11 突破持续性得到验证

我们重新回顾一下整个识别和验证的过程。

突破前的条件和行动

1. 判断 MA55 和 MA233 的趋势。如果 MA55 在 MA233 上方，那么市场趋势是向上的；如果 MA55 在 MA233 的下方，如图 5-1 所示，那么市场趋势是朝下的。MA55 和 MA233 必须是朝着同一方向的，只有这样才能判断更短周期移动平均线的方向。

2. 我们只考虑与趋势相同方向的区间突破可能。

识别调整形态。调整形态有可能是区间震荡形态，也可能是第一类趋势形态的调整浪。认清是属于哪一种，才能判断突破的程度（如图 5-2、图 5-3 所示）。

3. 当市场接近突破区间边沿时，我们应密切关注市场。在向上的大趋势中，突破很可能是向上的我们寻找回调的机会入场，而在整个趋势向下时，我们寻找反弹时入场做空、市场向下突破的机会。

突破阶段

1. 计算出过去 60 根 K 线的平均真实波动幅度（即 ATR60）。

2. 将突破的 K 线的波幅与 ATR60 相比较（如图 5-4、图 5-5 和图 5-6 所示）。

3. 计算出突破动能比值（见图 5-7）。

4. 我们只认可并交易突破 K 线的波动幅度至少等于 ATR60、突破动能比率至少在 1.00 以上的区间突破机会。

第5章 成功的区间突破

突破后的验证阶段

监控价格突破区间后的走势,验证突破的有效性。这个过程分为两步:

1. 突破动能的验证(见图5-8、图5-9和图5-10)。
2. 突破的持续性验证(见图5-11)。

交易突破机会

现在我们有了一套判断突破成功率的方法,紧跟着我们应该构建一套交易计划,来交易突破带来的获利机会。

1. 入场信号是在突破阶段符合我们上述条件的突破K线的收盘价(如图5-12)。

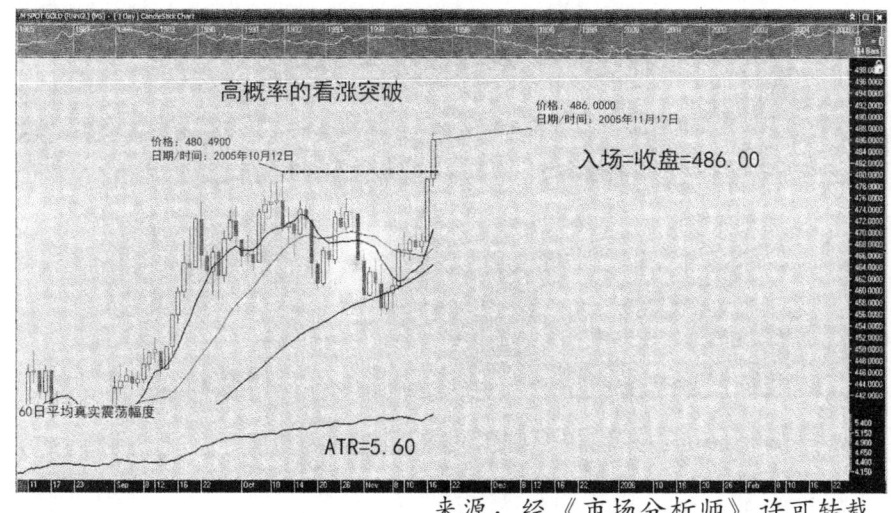

来源:经《市场分析师》许可转载

图5-12 突破后的入场信号

2. 接下来我们要确定止损价。我们需要做的是，找到突破的 K 线的最低价，然后通过 ATR60 来过滤一下市场波动，即用突破的 K 线的最低价减去 ATR60 的值。如果市场价位真的触及我们的止损价，那么我们只能承认市场很可能还是处于扩张的区间震荡形态。在我们的例子中，突破的那根 K 线的最低价为 477.98，而 ATR60 的值为 5.6，因此我们可以算出止损价位在 472.38 点（如图 5-13 所示）。

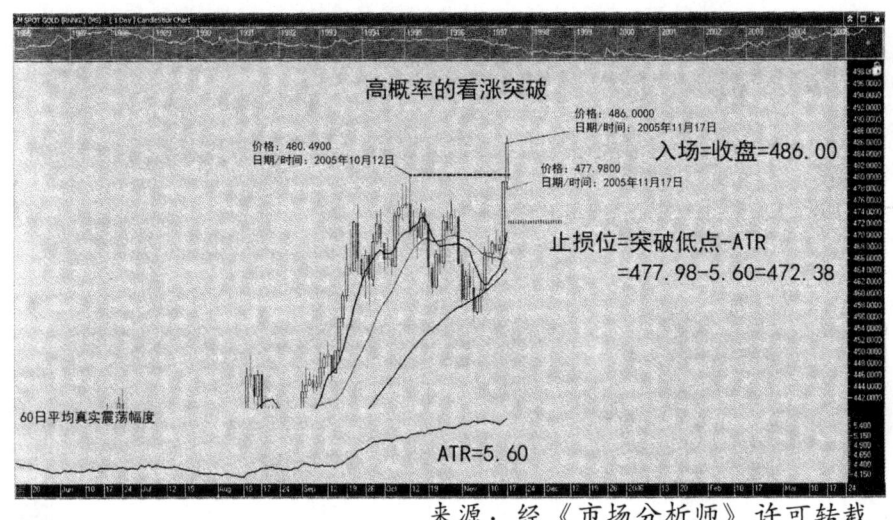

来源：经《市场分析师》许可转载

图 5-13　止损价

3. 我们需要接着计算这一笔交易潜在的亏损金额，这其实就是我们的入场价与止损价之间的差。如图 5-14 所示，因为我们的入场价为 486.00，而止损价为 472.38，我们预期的潜在亏损大概在 13.62 点。

第5章 成功的区间突破

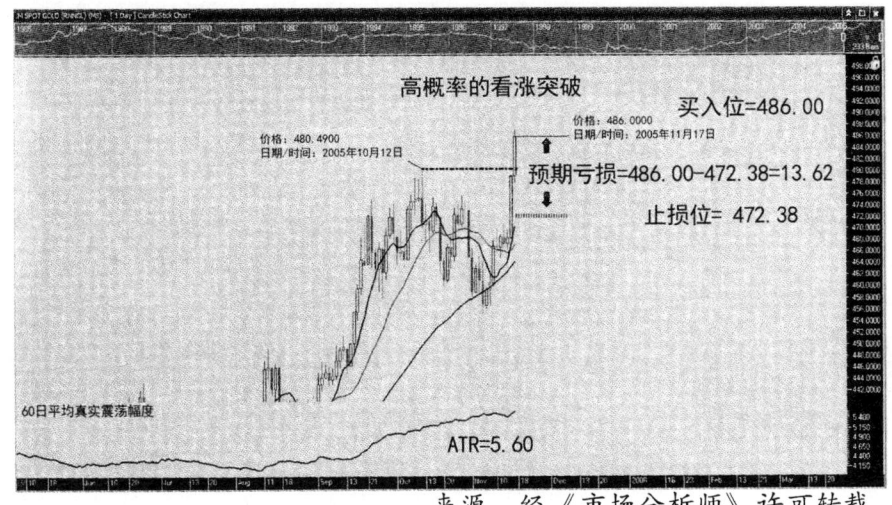

图 5-14 预期亏损

4. 现在让我们回顾下第3章提到的盈利风险比。我们知道，计算盈亏平衡点的盈利风险比公式是基于我们交易方法的命中率，我们也知道海龟交易者一般命中率只有30%，而失误率有70%。因此，海龟交易者实现盈亏平衡的盈利风险比为2.33。鉴于我们现在探讨的区间突破交易模式与海龟交易者相同，我们同样需要寻找盈利风险比大于2.33的交易机会，才能长期盈利。在我们的交易计划里，我们一般会寻找盈利风险比至少在2.8以上的交易机会。有了这个标准，我们可以算出预期盈利，即用预期亏损乘以我们交易计划中的最低盈利风险比标准。知道预期盈利后，我们就可以算出止盈价位。在上述例子里，如图5-15所示，我们通过将2.8乘以预期亏损13.62，可以算出这笔交易能给我们带来38.14点的预期盈利。

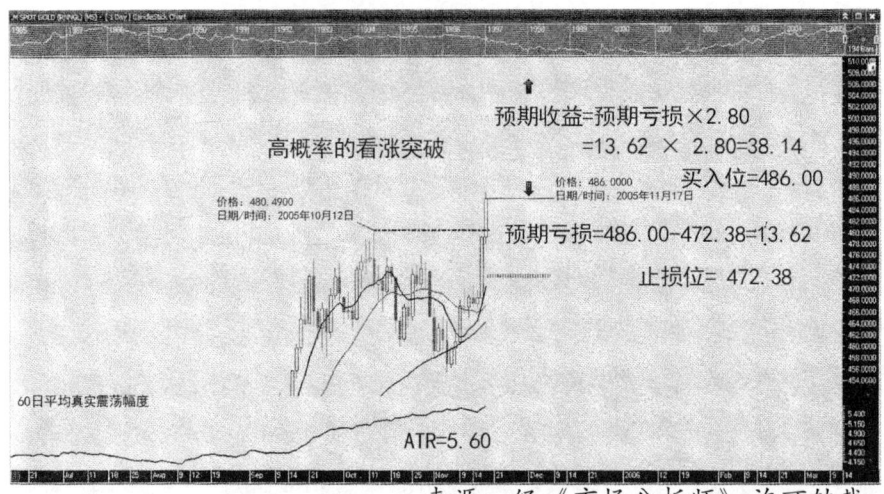

来源：经《市场分析师》许可转载

图 5-15　预期盈利

接下来就是通过这个预期盈利来计算出场价位。这也很简单，就是将我们的入场价加上预期盈利，也就是 486.00 点加上 38.14 点，即可算出离场止盈位为 524.14 点（如图 5-16 所示）。

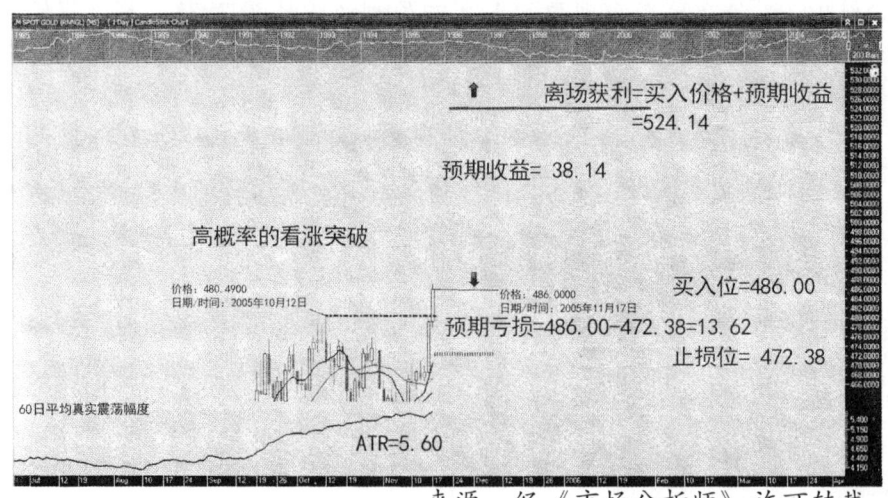

来源：经《市场分析师》许可转载

图 5-16　止盈离场价

第 5 章 成功的区间突破

5. 接下来我们要开始监控突破后的验证过程。我们给这一验证过程长达 13 根 K 线的时间窗口。下面是我们入场后可能出现的一些情景：

a. 市场把我们止损出局，我们平静地接受结果，尤其是因为我们有预先设好了止损价位。

b. 市场没有触及我们的止损位，但过了 13 根 K 线，仍然无法给我们足够的信心验证突破的成功。我们应该立即离场。我们可能有一点微利，或者小部分亏损。我们理解这也是正常的，并坦然接受。

c. 验证过程在 13 根 K 线时或者之前成功完成。市场达到了我们预期设定的止盈位，这是我们理想的结果，我们同样平静地接受这个结果。

d. 尽管验证突破的过程很顺利，但在达到我们的止盈位之前，市场突然反转，将我们止损出局。同样，我们依然要坦然接受这种情况，毕竟市场是充满不确定性的。概率理论告诉我们，单笔交易的结果可能是随机的，但总体结果一定是与统计结果趋同的。只要我们有良好的统计体系，并坦然面对盈利和亏损。在交易中，我们随时都可能盈利或亏损，但只要我们的交易方法是站在概率的优势方，那长期来说我们就能够盈利。

管理我们的交易

我们现在已经通过入场交易参与了市场,并拥有一套管理未来不确定性的交易计划。如果市场朝着我们不利的方向发展,我们知道何时止损离场;如果市场朝着我们通过分析判断达成的预期方向发展,我们也有明确的获利目标,能够及时拿到预期的利润,如图 5-17 所示,我们获得了预期利润离场。

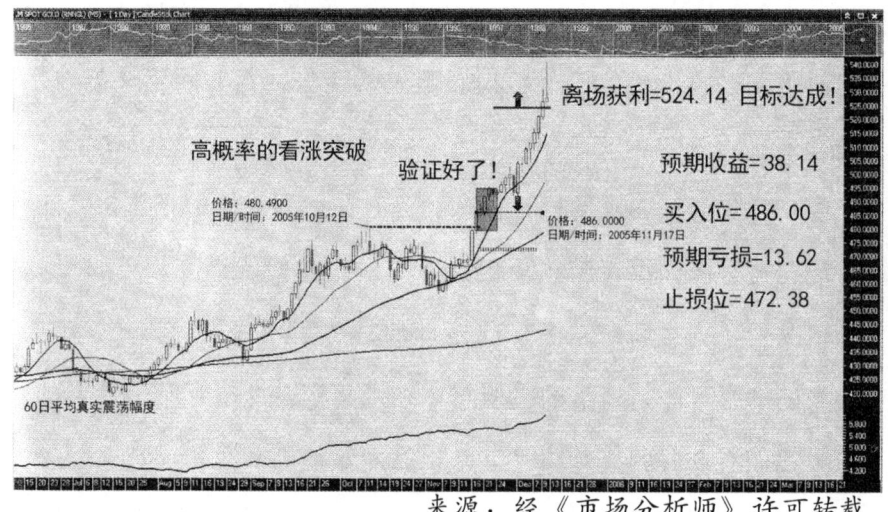

来源:经《市场分析师》许可转载

图 5-17　市场行为与我们的分析一致时

接下来,我们看一个例子。如图 5-18 所示,例子中价格向市场的主要移动平均线延伸的方向突破,而且突破动能一开始表现很好,符合我们的要求。然而,向下的动能并没有得到成功验证。

第 5 章 成功的区间突破

我们看到图中，两个"加号"代表向下突破后的动能，而两个"减号"代表价格又回升靠近上方的扩张震荡区间，两个"加号"之后出现两个"减号"，代表最初的下跌动能消失了。如果我们的空头持仓还没有触及止损，也应该立即离场，因为我们预期的下跌动能没有持续。

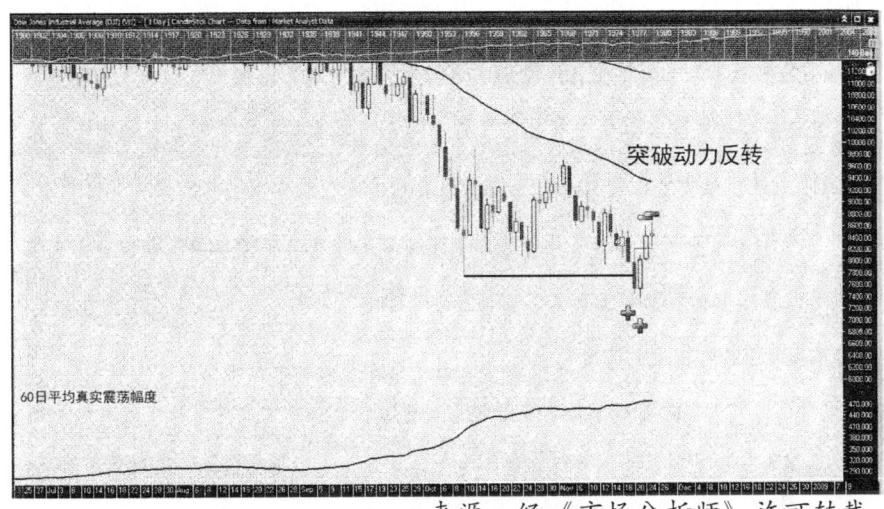

来源：经《市场分析师》许可转载

图 5-18　验证失败的突破

用合气道的用语来说，我们的对手并没有展现出真正的实力，因此我们以前对他实力的评估是有问题的，我们需要快速远离战场，以便观察新的局势。

本书至此已经完成了对市场理解之旅的基本阶段，我们来回顾一下到现在为止探讨的内容：

在第 3 章，我们集中讨论了如何理解市场在我们称为"扩张的区间震荡形态"中的表现。这与我们学习武术的第一种基本类型：

"形"——即招式、动作,密切相关。配合更多的练习,我们就能更好地理解和熟练执行这一招式。我们在这一阶段的目标是,寻找、理解和练习交易这种形态。

在第 4 章,我们聚焦第一类趋势形态。这一形态拓展了我们的视野,认识到市场行为的更多方面。这样,我们拥有了第二种基本的武术招式。通过举例,我们也逐渐熟练掌握了两种不同市场条件下的应对方式:区间震荡形态和第一类趋势形态的调整阶段如何入场交易。

在第 5 章,我们把注意力转移到突破阶段。这个阶段是市场从区间震荡调整模式转为单边趋势模式的转折点。我们在这里学会了第三招,完成了对市场行为学习的几个基本方面。我们需要理解三种招式,不仅仅是抽象的理解,而是通过外在的练习来内化这种理解,达到知行合一,以至于在交易压力下仍然能够顺利、精准地完成我们的交易计划。

日本合气交易法的基本原理,就是寻找一个我们所称的"行动区间",这些行动区间能够给我们带来一些低风险、高概率的交易机会。我们必须有足够的耐心,等待自己正确地设定这些行动区间。一旦这个行动区间设定好,有交易机会出现时,我们要有足够的果断和执行力,精准地按照入场信号执行交易。

如果从军事角度进行比喻,就是学习狙击手。狙击手在猎物出现在他们射程范围之前,耐心地隐蔽和等待,一旦目标出现在高概率、低风险的射程区间,他们果断射击。这里介绍一个武术方面的历史典故。上杉谦信是 16 世纪日本有名的一个大名(大名是日本古时封建制度对领主的称呼,指统领较多土地或庄园的领主,相当于中国古代的诸侯——编者注)。历史上有传说他是被一个忍者在茅厕刺杀而死的。这个忍者把自己藏在茅坑里,耐心地等待上杉谦信来上茅厕。当上杉谦信自以为在一个私密、安全的场所时，他却被人用短矛刺杀。这个历史事件告诉我们三个重要的原则：首先，合气交易者自己选择有利于自己的战斗时间和地点；其次，成功的交易者必须拥有这位忍者的心态，愿意付出一切代价，包括藏在茅坑里，来实现目标；再次，我们必须同时对机会和危险保持警惕，一旦机会出现，就要果断行动。我们也需要吸取上杉谦信的致命教训：无论什么时候，我们都需要保持警惕，因为危险随时都会出人意料地发生。

成功的关键组成部分，是我们的欲望和动力。我们必须渴望成功，只有我们真的渴望成功，才会有足够的动力去克服通往成功道路上的困难和挫折。只有这样，才能成为实现愿景和目标的那少部分人。不幸的是，很多对成功的渴望还不够强烈的人，只能被动地被这些困难挫折所阻碍，停滞不前。这些人最终会成为无法成功的大多数人。

这一章的最后，我们引用17世纪的剑道师傅宫本武藏的一句名言来共勉。

一开始看起来可能很难，但万事开头难！假以时日、加以练习，所有前景终会变得清晰。

这句话对武术和交易艺术都适用。如果我们真的渴望成功，那么这句话将能鼓励和鞭策我们朝着交易成功的方向努力！

第6章 运用震荡指标

第 6 章　运用震荡指标

到现在为止，我们已经基本了解了控制市场所有行为的两种基本力量。这两种力量也就是收缩和扩张。当市场处于收缩阶段，我们预期看到区间震荡形态，因为这是调整和收缩阶段的一种表现。扩张力量一般会带来单边趋势，市场一般会出现较大级别的单边走势，中途出现小级别的调整而已。

本章我们主要介绍一些震荡指标，以便我们能够判断当前的主要趋势能否持续。这是对我们现有知识的一大升级，对我们的交易方法也会有一些潜在影响。

假设我们判断市场处于区间震荡形态，如果我们有信心这种形态还会持续，那就能够形成一个交易立场。正是因为我们认为区间震荡模式还会持续，所以我们可以在区间底部寻找买入机会，在区间顶部寻找卖出机会。但如果我们认为区间震荡形态会演变为单边趋势形态，那我们就不能在底部做多顶部做空，因为市场很可能出现区间突破。我们可以选择采取突破策略，在突破后根据信号入场，也可以等待市场出现短暂的回调，然后寻找入场交易的价值区间。

接下来，我们主要学习威尔德的相对强弱指标（RSI）以及如何利用 RSI 提高我们对市场行为的理解。

相对强弱指标

相对强弱指标（RSI）原本是作为超买超卖指标设计的。我们可以把这个震荡指标想象成从一个极端（超买、价格太高）到另一极端（超卖、价格太低）不断晃动的钟摆。最初的想法是，当市场价格太高时，卖出做空，因为买方力量会随着价格上升过快而逐步消退；当市场价格太低时，买入做多，因为卖方力量随着价格的下跌已经释放，未来很可能会逐步消退。我们之前提到的武术比喻依然有效：当卖方对手很弱时，直接入场做多；当买方对手很弱时，直接入场做空。

关于 RSI 的计算方法和设计原理，有大量资料进行相关解释。然而，正如宫本武藏老师所说，我们更关心如何使用剑，而不是剑是怎样做成的。我们接下来主要介绍具体如何使用 RSI 来帮助我们回答这个至关重要的问题：市场目前的形态或模式是否会持续？还是会改变？

我们从 14 个周期的 RSI 入手，改良之前过度扩展的强弱指标值区间：从原来的 70 和 30（如图 6-1）改成 60 和 40（如图 6-2）。

在图 6-1 下半部分，RSI 作为一个评估超买和超卖的震荡指标。我们可以看到，原来的方法并没有为我们提供满意的结果。

在图 6-2 下半部分的 RSI 指标区域，我们分别在 60 和 40 的位置各画了一条横线。RSI 上下波动，从 0—100 的取值都有。

第6章 运用震荡指标

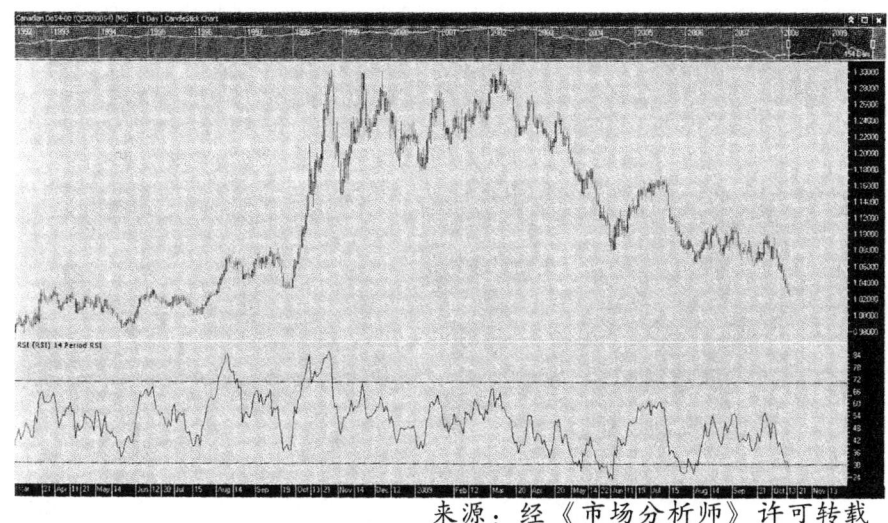

来源：经《市场分析师》许可转载

图6-1　传统的70/30的RSI强弱值设置

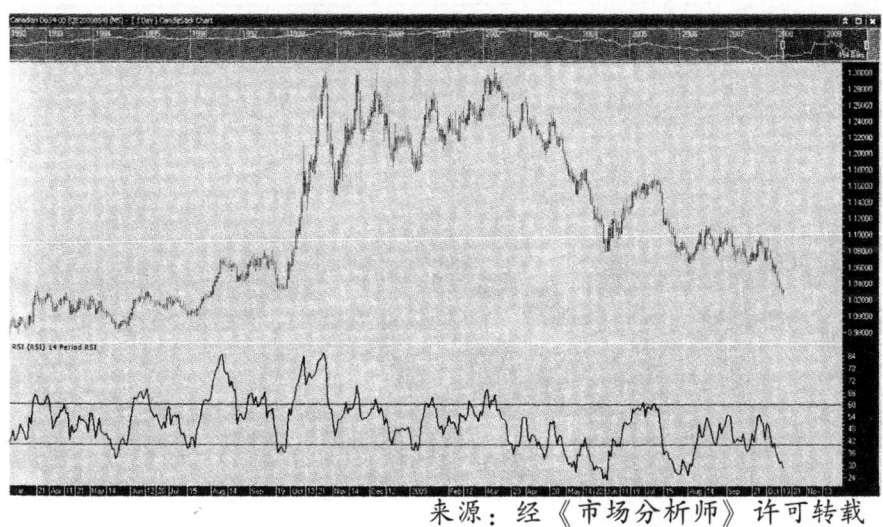

来源：经《市场分析师》许可转载

图6-2　改良后的60/40的RSI强弱值设置

如果RSI从下至上穿过并保持在60的横向之上，我们对买方力量做出何种判断？我们可以判断出买方力量较为强势，市场处于牛市上升通道，低点会不断被抬高，如图6-3。这是一个非常重要的观察结论，我们可以尝试在不同的市场和不同的时间周期里来对它进行验证。

来源：经《市场分析师》许可转载

图 6-3　RSI 体现出买方力量

另一个重要的观察结论是在调整阶段。在牛市里，当遭遇卖方力量的反击时，可能会出现调整。但只要牛市趋势还存在，我们认为这种调整力量是较弱的。如果 RSI 在 40 的横线位置或横线的下方，说明这个调整接近尾声。

那么，我们可以得出 RSI 能被用来衡量市场动能的猜测。当市场中买方力量非常强劲时，RSI 一般会在 60 的上方，而在调整过程中，卖方力量逐步减弱，RSI 接近 40 时，调整接近尾声，RSI 止步 40 一线附近。这时，我们可以联想到之前提到的合气道的比喻：当对手很弱势时，我们可以直接入场对抗对手。

接下来，我们再看另一种情况。在持续下跌的趋势里，卖方力量较强，调整阶段买盘力量逐渐变弱，反弹势头不强。那么下跌的动能来自大量的卖盘,而这些卖盘的力量可以由 RSI 从上至下穿过 40 的横线,并维持在横线下方来衡量,如图 6-4 所示。

来源:经《市场分析师》许可转载

图 6-4　RSI 体现出卖方力量

对于熊市中的反弹,我们如何衡量卖方力量的强弱?我们认为,在短暂的反弹中买方力量较弱,因为整个大势仍然是向下的,RSI 尽管向上,但倾向于止步 60 一线。

我们用表格来回顾一下上面提到的几个重要观察结论。

牛市的上升浪

RSI 向上,突破 60 一线

牛市的调整浪

RSI 向下,但维持在 40 上方

熊市的下跌浪

RSI 向下,突破 40 一线

熊市的反弹浪

RSI 向上，但维持在 60 下方

RSI 指标可以提高我们的市场认知，增加我们的交易信心。我们之前多次提到的武术原理依然有效：当卖方对手很弱时，买入；当买方对手很弱时，卖出；当对手很强时，不要反抗，而是融合。

有了 RSI 指标，我们可以判断市场何时处于弱势，何时处于强势，进一步帮助我们决定何时出击弱势力量，何时与强势力量融合。我们现在将前面 3 章学到的知识与 RSI 指标的运用新方法结合起来，融会贯通。

首先，我们总是需要判断要交易的时间周期的主要趋势。只有了解到市场的主要趋势，我们才能选择对的交易立场。市场处于单边上涨时，我们应该做多；市场处于单边下跌时，我们应该做空。

然后，我们要选择一种合适自己的交易方式，要么耐心保守地等待市场回调的买入机会，或者反弹时的卖出机会；要么没耐心积极地参与跟随突破后的顺势机会。对于前者，RSI 能够更好地帮助交易者识别单边趋势的强弱，更为重要的是，识别单边趋势中的调整阶段（如图 6-5）。

一旦我们确认市场处于牛市，保守的交易者可以选择在图中插入 MA8 或者 MA21 移动平均线，来识别第一类趋势形态。这一交易设置，又或者说是武术招式，能够告诉我们潜在的入场信号。保守的交易者还可以寻找扩大的区间震荡形态，这一形态也能给我们另一种入场信号。但谨记，如果脉冲模式下市场趋势是向上的，我们一般倾向于买入做多（见图 6-6）。运用 RSI 指标，积极的突破交易者可以寻找符合我们在第 5 章讨论过的标准的突破交易机会。

第6章 运用震荡指标

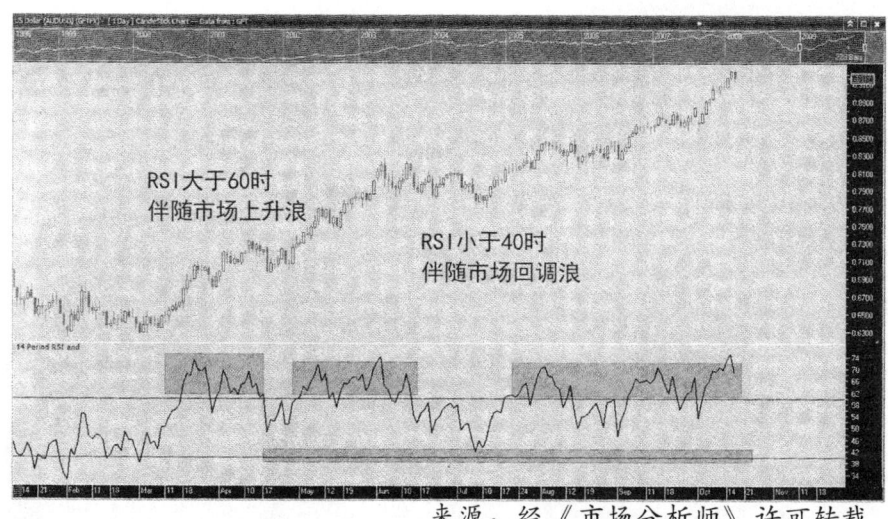

来源：经《市场分析师》许可转载

图6-5 牛市中RSI的表现

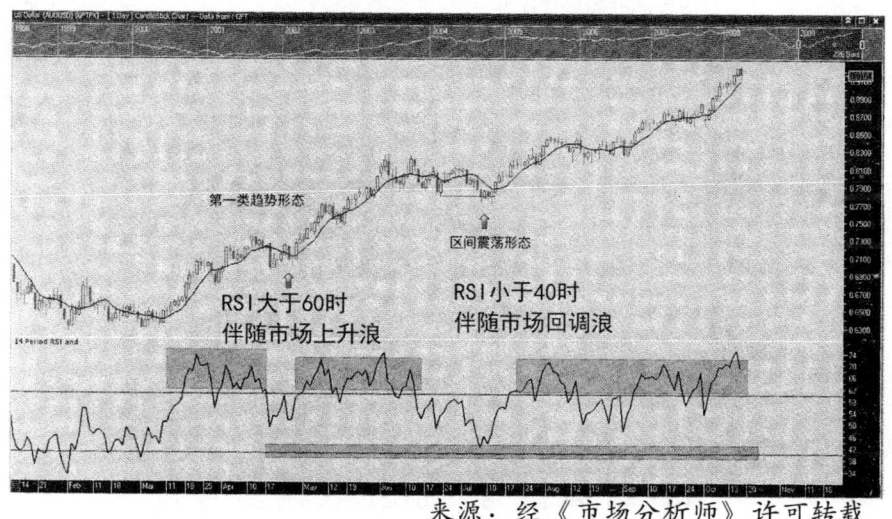

来源：经《市场分析师》许可转载

图6-6 RSI用于判断区间震荡的调整低点

在图6-7中，RSI评估出趋势是向下的。任何技术的掌握都需要练习，那么我们可以通过这个例子来练习寻找触发我们空单的入场条件设置。请自己回顾一下，目前为止我们知道多少种形态？我们如何识别这些形态？如何交易这些形态？如果我们可以在图6-7中识别出这些形态并做好入场条件的设置，我们就逐渐学会了在未来交易中识别类似形态并进行交易的能力。记住，无论是武术还是交易的成功，都需要大量的练习、练习，还是练习！

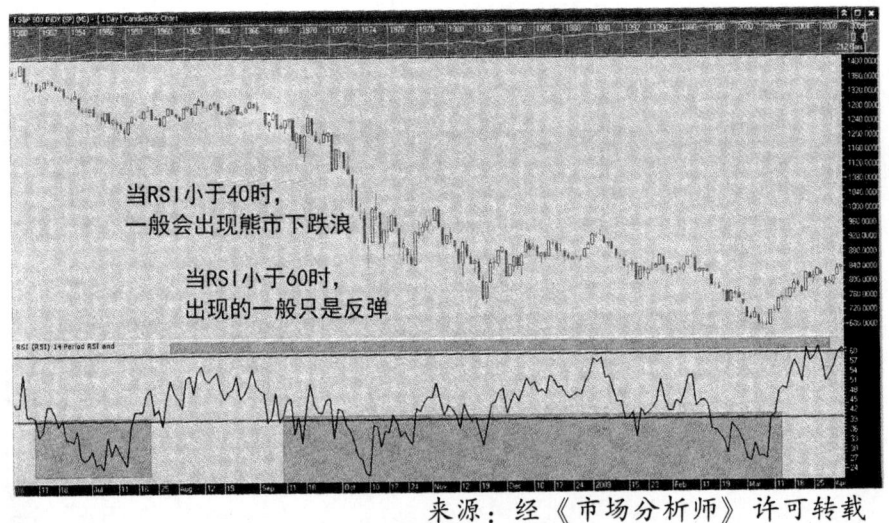

来源：经《市场分析师》许可转载

图6-7　RSI在下行趋势的表现

RSI背离信号（RSI欺骗信号）

在第5章，我们学会了运用移动平均线帮助判断趋势。我们通过MA55和MA233的相对位置，可以看出我们评估的市场是处于上涨还是下跌趋势。

现在让我们把注意力转移到图6-8，我们看到MA55在MA233的下方，这代表更长周期的移动平均线趋势是向下的。然而，我们看到图中标记出来的2008年3月17日至2008年5月19日之间市场的高点不断刷新，低点在抬高。因此，我们可以说市场更短周期的趋势是向上的。但由于MA55在MA233的下方，更长周期的移动平均线倾向于暗示这个短期的价格上涨只是暂时性的反弹，而不是新的上涨趋势的开始。

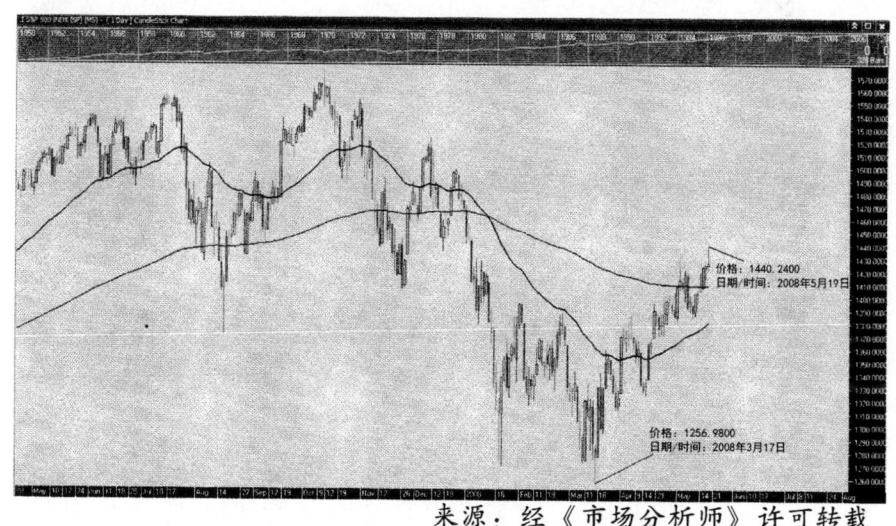

来源：经《市场分析师》许可转载

图6-8　更长时间周期显示下降趋势

现在让我们在图中加入RSI指标。图6-9中RSI从下至上穿过60，我们必须承认，现在市场中的买盘力量表现较为强劲。除了这一点，我们还能看出什么？注意，将2008年5月2日的RSI值与2008年5月19日的值相比较，我们看到19日的值比2日的值要低。我们知道 RSI 可以衡量买卖力量的相对强弱，且高于 60 代表买方力量的强大。现在我们需要把这个概念与实际的市场价格联系起来。

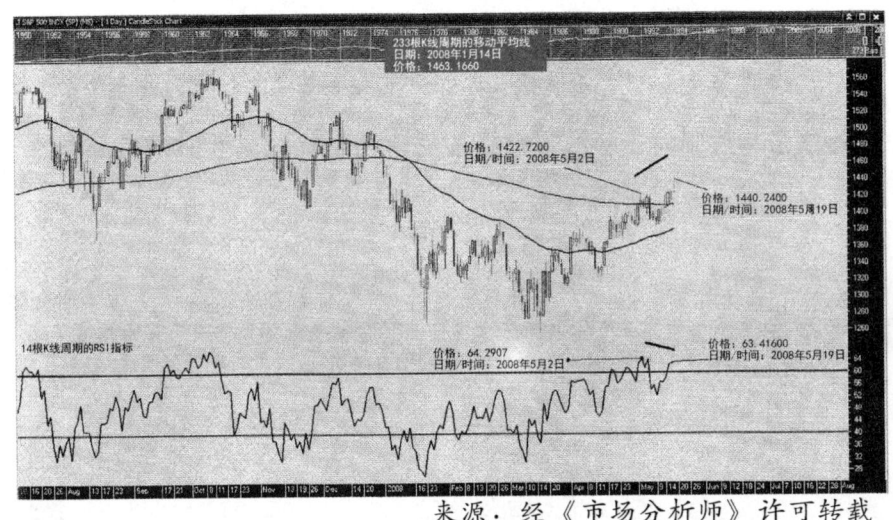

来源：经《市场分析师》许可转载

图 6-9　RSI 背离

在 5 月 2 日，RSI 买方力量强弱的指标值为 64.29，当天的市场最高价为 1422.72。

5 月 19 日，RSI 买方力量强弱的指标值为 63.41，而当天的市场最高价创出了新高，为 1440.24。

RSI 指标在这时出现了不正常的结果：市场价格更高了，但 RSI 却没有展现出更强的指标值，这是不符合我们之前讨论的规律的。这种特殊的现象我们称为"RSI 背离信号"。在这个例子里，这代表 5 月 19 日出现的市场新高伴随着买盘力量的相对走弱（与 5 月 2 日相比较）。尽管市场趋势还在向上，但 RSI 的背离信号告诉我们，这个趋势很可能很快停滞并反转，因为市场的内在力量实际上已经转弱。

武术的原则是当对手处于弱势时，直接出击，而在这个例子里，当买方力量逐步减弱，我们可以作为卖方出击。我们寻找能够触发卖空入场信号的形态，而在扩大的区间震荡形态中，如果出现大阴线，可以考虑入场做空（见图 6-10）。

在寻找 RSI 背离时，我们需要考虑一个非常重要的条件：背离信号（价格和 RSI 的背离）前后时间窗口必须在 14 根 K 线范围内，因为我们的 RSI 正是用来计算过去 14 根 K 线的相对强弱，背离信号的时间窗口不宜超过 RSI 的计算周期。

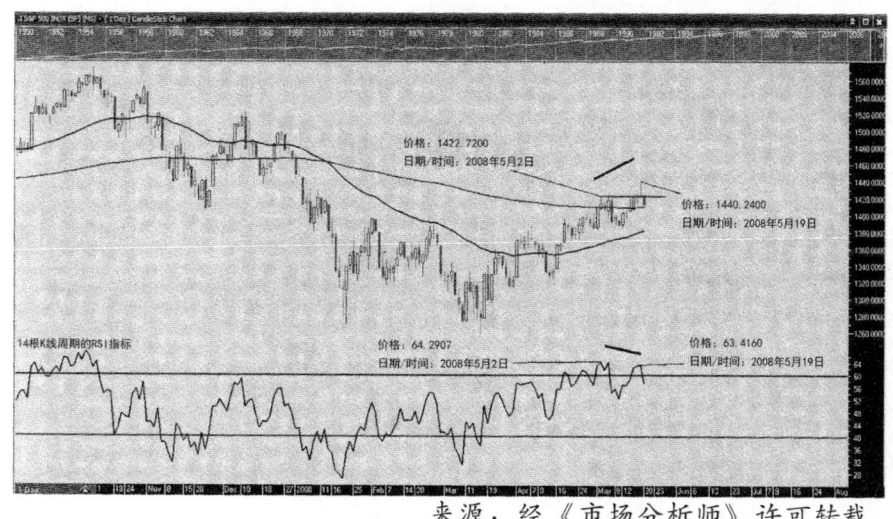

来源：经《市场分析师》许可转载

图 6-10　RSI 背离：触发交易

案例中的市场表现继续验证了我们的分析，用盈利的交易来奖励我们（见图 6-11）。

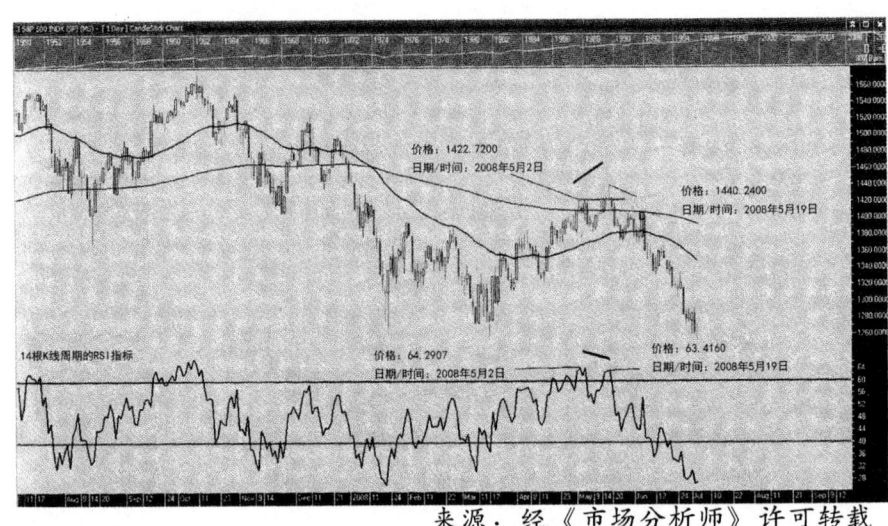

来源：经《市场分析师》许可转载

图 6-11　RSI 背离：交易结果

慢速随机指标

随机摆动指标又名 KDJ 指标，是由乔治·蓝恩在 19 世纪 50 年代发明的一种动能指标，用于体现最新收盘价与一定数量的 K 线周期内最高点和最低点价格区间的比值关系。

慢速随机指标有两种使用方法。传统的方法是将其作为一种超买和超卖的摆动指标，但这只有在单边市场适用。由于随机摆动指标比其他的动能指标更为敏感，因此一般建议使用 20 和 80 作为超卖和超买的信号：通常，当指标值超过 80 时，市场超买，可能会出现回调，建议做空；当指标值小于 20 时，市场超卖，可能会有反弹，建议做多。

更多人偏好使用第二种方法,即观察该指标是否持续高于80。如果持续高于80,说明买方力量控盘,市场很可能处于趋势性上涨。相反,如果指标持续低于20,则说明卖出力量占优势,市场处于趋势性下跌行情。

图6-12中显示了在单边牛市中14根K线周期的慢速随机指标的走势情况。指标上穿80一线,然后持续保持在80线以上,表明市场处于强势上涨。鉴于慢速随机指标计算的是过去14根K线周期的情况,我们将"持续"一词的标准设定在连续8根K线处于80一线以上。当然,停留在80以上的时间越长,表示趋势的动能越大。

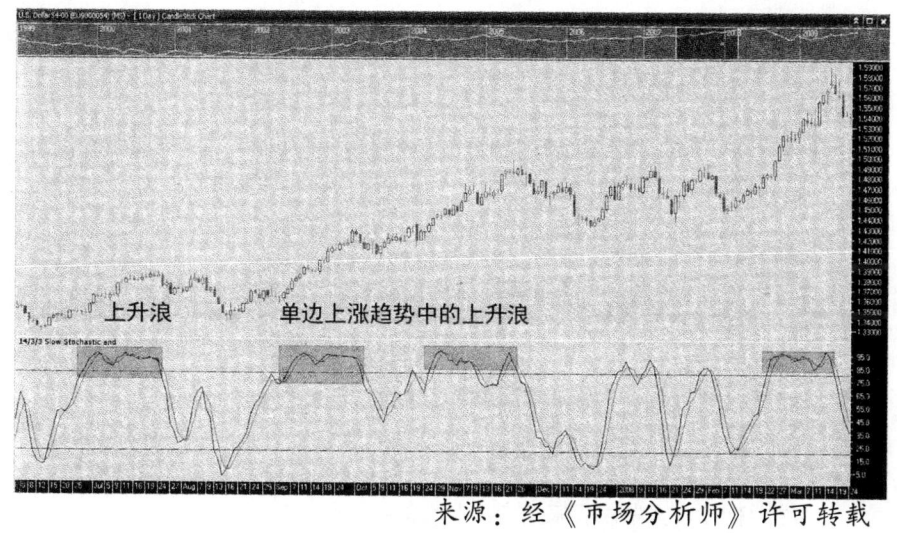

来源:经《市场分析师》许可转载

图6-12　牛市中慢速随机指标的表现

一旦市场上出现强势的买方力量,我们需要做的就是加入买方。当然,卖方力量抵抗能力最弱的时候,我们买入是最安全的。那么,慢速随机指标可以帮助我们判断这一时机吗?

我们知道，慢速随机指标就像一个钟摆一样，从超买到超卖不断摆动。在牛市中，调整结束的标志一般是慢速随机指标值低于20。这时，卖空的力量逐渐减弱，因此我们可以预期慢速随机指标不会在20的下方待太久。为了进一步量化这一标准，我们将慢速随机指标在20的下方的停留时间不超过7根K线的情况，设置为牛市中的回调的标准。当然，在20的下方停留的时间越短，更能验证我们"牛市中的回调"的判断（见图6-13）。

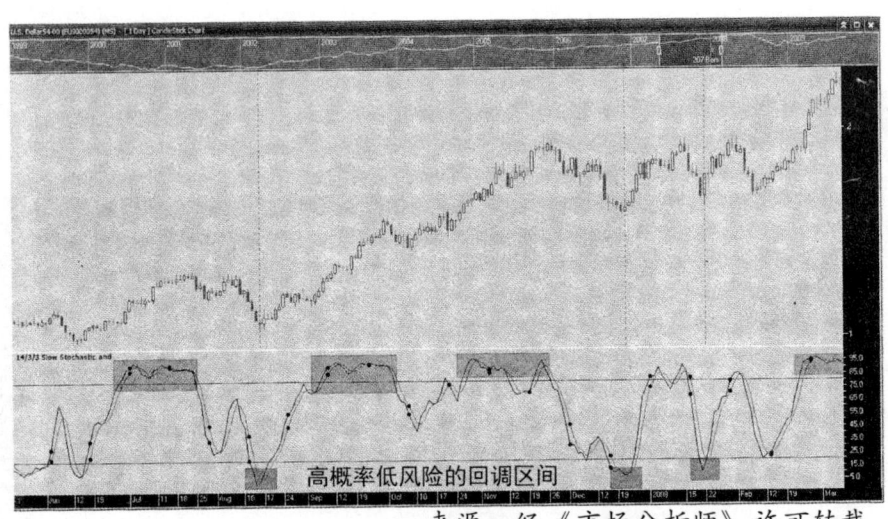

来源：经《市场分析师》许可转载

图6-13 慢速随机指标在牛市回调中的表现

我们把上述观察结果总结如下表：

牛市中的单边上涨行情

慢速随机指标持续在80以上

牛市中的回调行情

慢速随机指标在20以下但很快回弹

第6章 运用震荡指标

在牛市中,我们可能会倾向于交易向上的震荡区间突破形态。随机摆动指标必须准备好指示趋势形态的形成,且向上突破时必须伴随着随机指标超过80的情况。如果随机指标能够维持在80的上方,则进一步验证我们的判断。

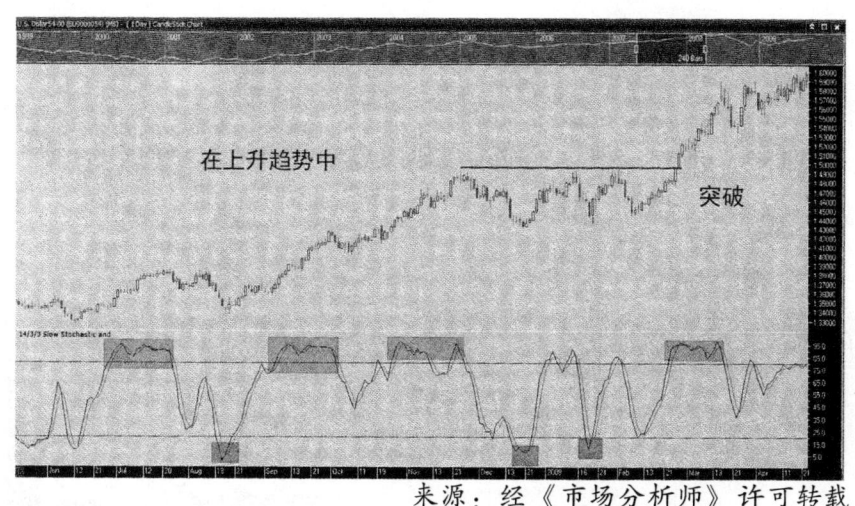

来源:经《市场分析师》许可转载

图6-14 区间震荡形态向上突破的慢速随机指标表现

那么我们的表格内容可以更加丰富:

牛市中的单边上涨行情

慢速随机指标持续在80以上

牛市中的回调行情

慢速随机指标在20以下,但很快回弹

牛市中的向上区间突破

慢速随机指标持续在80以上

如果慢速随机指标可用于识别牛市,那么一样可以识别熊市。同样,我们把熊市的情况加入表格中。

熊市中的单边下跌行情

慢速随机指标持续在 20 以下

熊市中的反弹行情

慢速随机指标在 80 以上，但很快回弹

熊市中的向下区间突破

慢速随机指标持续在 20 以下

图 6-15 显示了熊市中慢速随机指标的表现。我们看到图中的表现与上述表格情况相符。

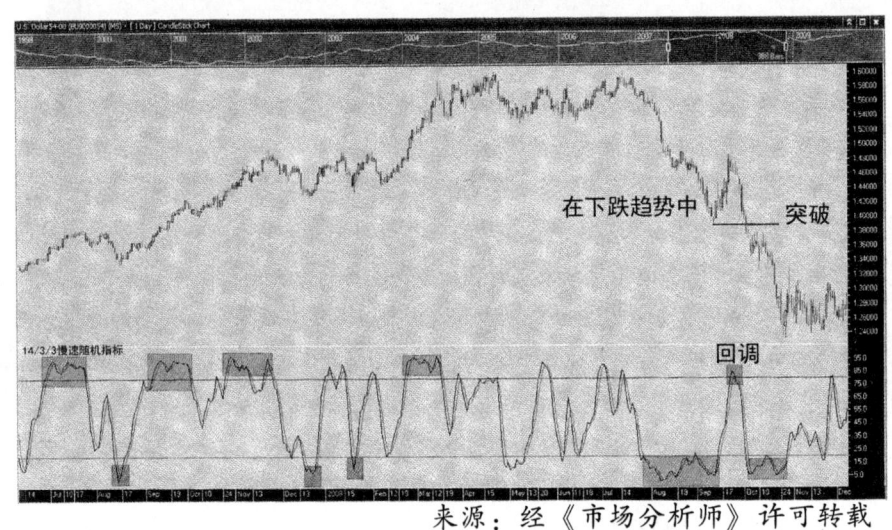

来源：经《市场分析师》许可转载

图 6-15　熊市中的慢速随机指标表现

武术哲理告诉我们，如果对手弱势，我们就要强烈反击；而如果对手强势，我们不仅不要反抗，还要转向与对手为伍。

在交易中，如果市场趋势向上（RSI 指标持续在 60 以上，慢速随机指标持续在 80 以上），我们可以等待市场的短暂回调，一旦卖方力量变弱（RSI 在 40 以上，或者慢速随机指标在 20 以下但很快回弹），马上加入做多行列。

如果市场趋势向下（RSI 持续低于 40，或者慢速随机指标持续低于 20），我们可以等待短暂的反弹机会，然后当买家力量变弱时，马上加入做空行列。

一旦趋势建立，我们可以选择符合大势的区间突破机会进行交易，也就是说，我们可以与市场的强势力量为伍。

在本章，我们学习了利用 RSI 和慢速随机指标提高我们对市场主要趋势的认识能力。这些摆动指标也帮助我们识别合适的交易价格和交易时点。我们交易的前提是，需要看到一个符合我们预期方向发展的 K 线形态。有一些我们常用的 K 线形态值得尝试，例如射击之星、锤线、乌云盖顶、刺透形态或者吞没形态，还有我们在第 3 章讨论过的"龟汤"扩大区间震荡形态等。

现在我们练习如何在交易分析中使用 RSI 和慢速随机指标。我们将这两个指标的计算时间跨度都设置为过去 14 根 K 线周期。记住，当 RSI 从下至上穿过 60 并持续在 60 上方，我们就可以认为市场处于牛市上升浪，未来趋势持续向上。此时，如图 6-16 所示，慢速随机指标也同样停留在 80 上方，两个摆动指标显示的情况一致。

如果我们选择更激进的交易风格，可以选择在第 5 章讨论过的成功突破后的交易法。如果我们选择保守的交易风格，我们可以等待突破后出现回调，确认回调势头不强时，在较低位置买入。如何判断回调势头不强？RSI 指标不应在 40 以下停留，慢速随机指标应该很快从 20 下方回弹（见图 6-17）。

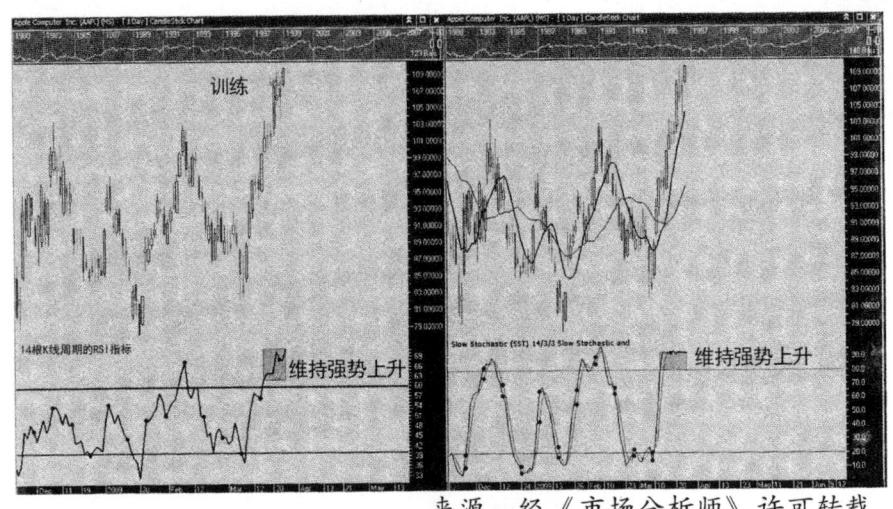

来源：经《市场分析师》许可转载

图 6-16　牛市中 RSI 和慢速随机指标的表现

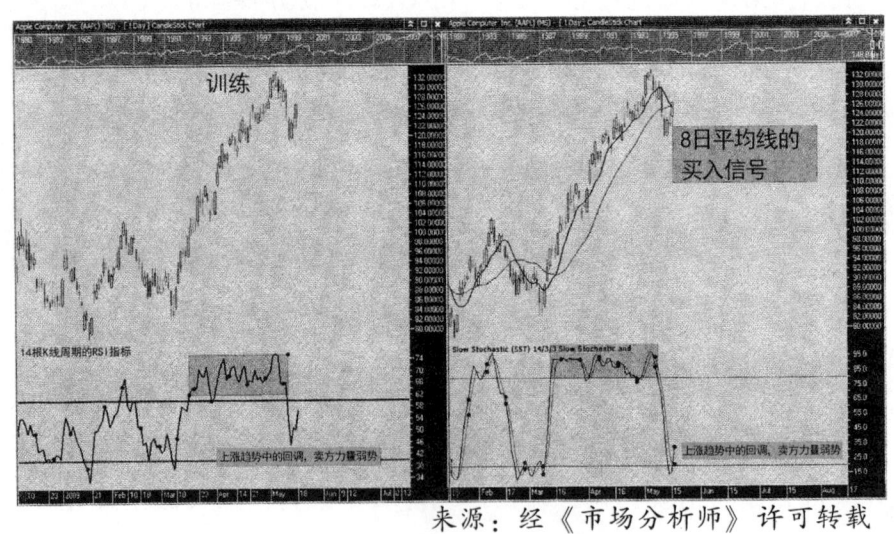

来源：经《市场分析师》许可转载

图 6-17　RSI 和慢速随机指标的表现

接下来我们继续讨论用 MA8 来识别第一类趋势形态的买入信号，并计算我们的止盈止损位。我们回顾一下之前学习过的知识，

第 6 章 运用震荡指标

并做一些练习。我们需要什么信息来计算止盈止损位？

1. 首先我们需要计算 ATR60 的值；
2. 找出回调浪的最低点；

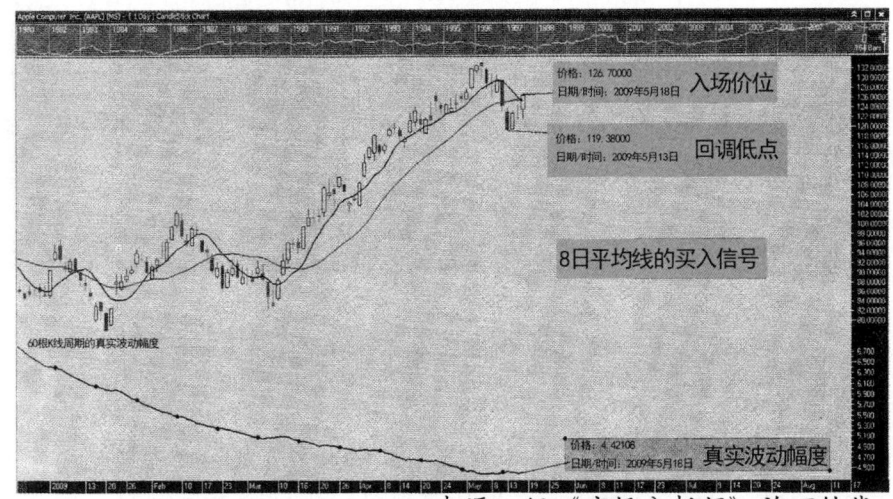

来源：经《市场分析师》许可转载

图 6-18 交易计划：入场

3. 找到我们的入场价位：如图 6-18，ATR60 的值为 4.42，回调浪的最低点为 2009 年 5 月 13 日的 119.38，那么我们的入场价位就是 2009 年 5 月 18 日的 126.70。

4. 止损价为经过 ATR60 过滤的回调浪的最低点。也就是 119.38 减去 4.42，止损价位为 114.96。

5. 预期亏损为入场价和止损价之差，也就是说，126.70 减去 114.96，预期亏损为 11.74。

6. 预期盈利为预期亏损的 1.8 倍，那么预期盈利为 21.13。

7. 我们的预期止盈位是入场价加上预期盈利，即 147.83（见图 6-19）。

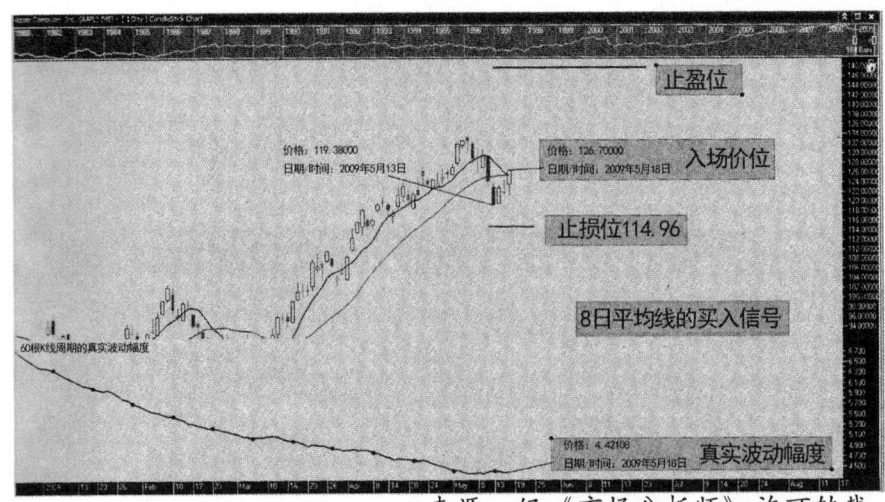

来源：经《市场分析师》许可转载

图 6-19　交易计划：入场、止损和止盈

我们对市场进行了分析，而且基于我们对市场行为的认识，做出了交易安排。我们接受亏损的可能性，也同样对盈利目标的实现充满信心（见图 6-20）。

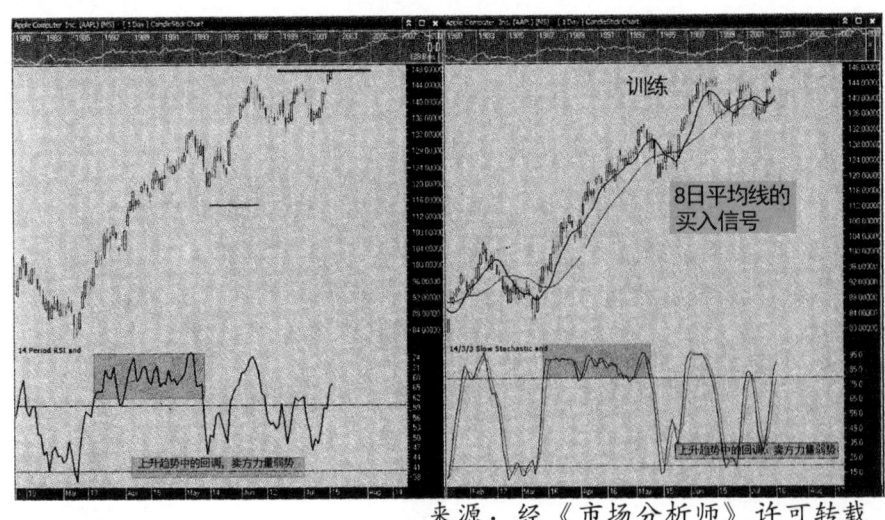

来源：经《市场分析师》许可转载

图 6-20　交易结果

一旦交易被止损出局，我们需要重新评估趋势，重新寻找下一个低风险高确定性的交易机会。我们可以利用这些机会练习验证我们的分析，学习制定交易计划。我们付出的努力越多，得到的经验越多。随着时间的推移，我们一定会在交易分析、交易计划的制定和执行等方面变得越来越熟练。

在军队和武术练习中，新兵都会接受一套严格并系统的培训，这是因为我们相信，练习时流的汗越多，战场上流的血才会更少。然而，很多新兵都没有一个军士级的教练或老师来执行纪律，所以要成功，要么寻找一个认真负责的好老师，要么必须靠自律。说比做容易，我们必须坚定信念，才能在遇到挫折时有足够的理由支撑我们前行；如果没有信念作为导航灯，大部分自学的交易者都最终会在困难和挫折中放弃。

第7章　在交易分析中应用斐波那契数列和比值

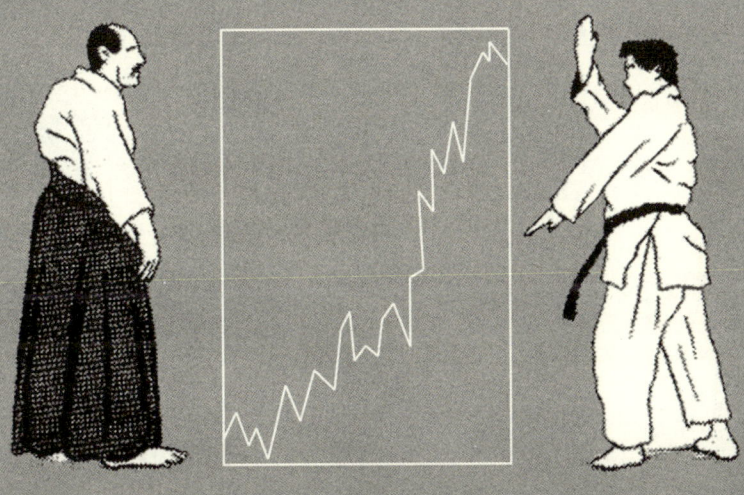

第7章 在交易分析中应用斐波那契数列和比值

在前面几章里，我们从最开始的区间震荡形态，到第一类趋势形态，再到成功的区间突破形态，研究了很多种市场行为表现给我们带来的交易机会。从本质上来说，第一类趋势形态与成功的区间突破形态密切相关，因为二者都是相同市场结构的组成部分。简单回顾总结的话，区间震荡形态的高点和低点基本在相似的价格水平，而第一类趋势形态有着明显的脉冲浪和较小的调整浪。这是两种形态非常不一样的特点。

通过应用14根K线周期的RSI和慢速随机指标，我们可以提高对市场意图的认知。我们知道，在单边上涨的市场里，14根K线周期的RSI指标必须在60以上持续至少8根K线；当市场出现回调时，该指标应该在40左右止步、不再下行。相反，在单边下跌的市场里，下跌浪中的RSI指标必须在40下方持续至少8根K线，而随后出现的小幅反弹中，RSI指标应该在60左右停止上升。

还有其他方法可以识别优质的回调区域吗？

此外，因为我们的止盈策略是基于盈利风险比的，有更好的基于市场结构和市场表现的方法可以用来设定止盈策略吗？

现在我们介绍一种工具：斐波那契数列和相关比值。

斐波那契数列一开始是两个整数：0和1。下一个整数就是前两个整数之和。

0, 1。

0, 1, 1。

0, 1, 1, 2。

0, 1, 1, 2, 3, 5。

0, 1, 1, 2, 3, 5, 8, 13, 21, 34, 55, 89, 144, 233。

我们此前选择移动平均线周期的时候，其实也是选择大概与相应的周、月、季、年等周期天数接近的斐波那契数列：8日移动平均线相当于过去一周的趋势；21日移动平均线大概是过去一个月的趋势；55日移动平均线大概是过去一个季度的趋势；233日移动平均线大概是代表过去一年的趋势。

在交易中，我们常用的重要的斐波那契比值是：

0.312

0.500

0.618

1.00

1.618

2.618

这些斐波那契比值可以分为两组：小于1.00的和大于等于

1.00 的。小于 1.00 的比值是用来判断回调区间的。记住，市场出现一波脉冲浪式的趋势上涨后，一般会有回调，因此，我们的首要任务就是识别脉冲浪式的上涨。接下来我们看图 7-1。

该图是日 K 线图，图中是 21 日移动平均线。我们一眼就可以看出，MA21 目前趋势是向下的，低点不断刷新，每次反弹的高点也在降低。我们可以判断，月度时间周期中，市场趋势是朝下的。

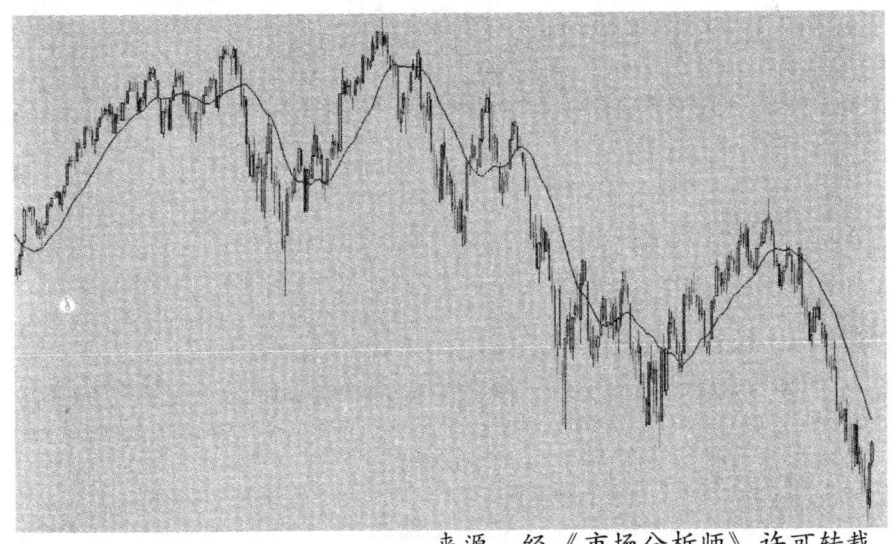

来源：经《市场分析师》许可转载

图 7-1 识别脉冲浪的第一浪

如图 7-2 所示，我们跟着在图中插入 14 根 K 线的 RSI 指标，进一步了解更多关于主要趋势的信息。我们可以看到，RSI 指标在 40 下方停留的时间超过了最低要求的 8 天，这明显意味着我们正在见证一个熊市中的下跌趋势。

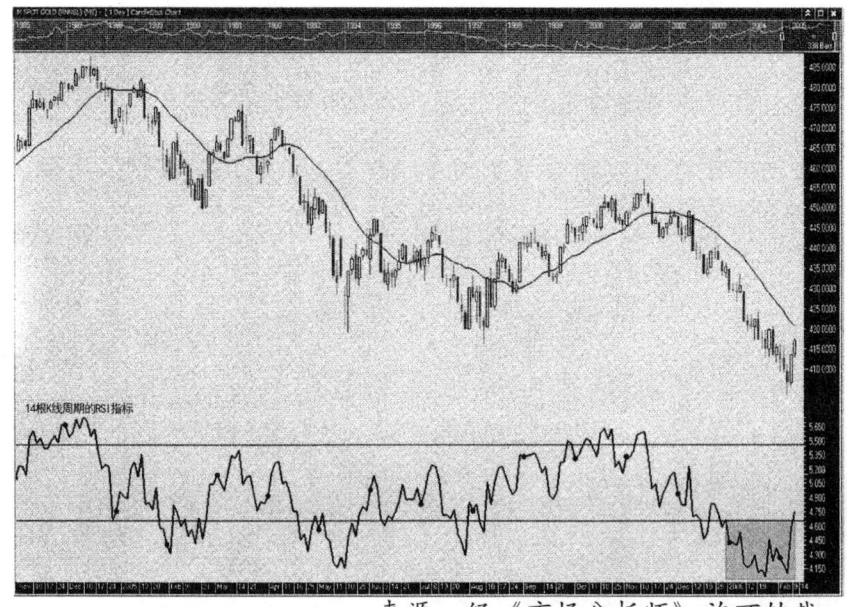

来源：经《市场分析师》许可转载

图 7-2　图中加入 RSI

前一个反弹浪结束时，熊市的下跌浪就开始了。我们可以通过 MA21 的上升曲线识别前一个反弹浪。我们把下跌浪的起点标记为 X，目前的最低点标记为"A?"（见图 7-3）。为何打个问号？因为我们不确定下跌浪何时结束，反弹何时开始。我们唯一能确认的是，当可识别的反弹浪结束后，市场还会沿着原来的方向继续下跌。但目前，我们仍然处于第一浪下跌中。

第 7 章　在交易分析中应用斐波那契数列和比值

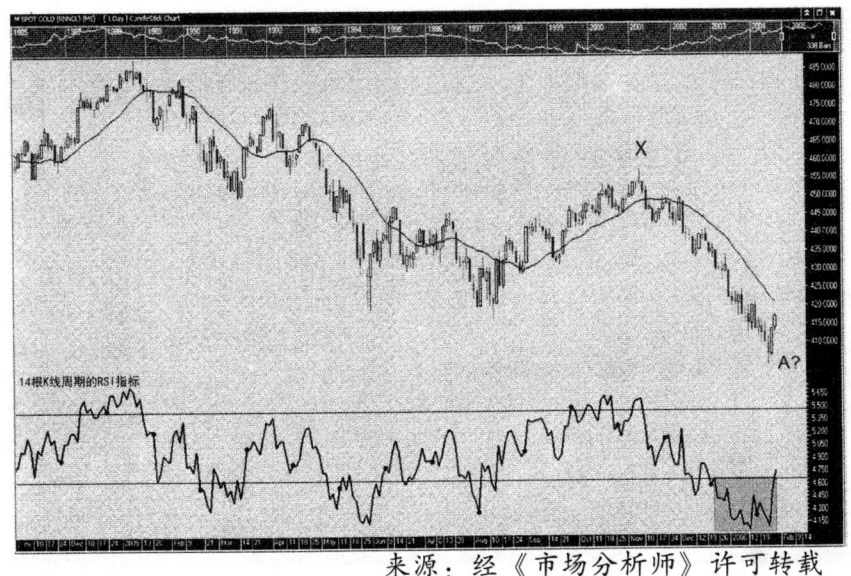

来源：经《市场分析师》许可转载

图 7-3　标记脉冲浪的第一浪

接下来我们看图 7-4。图中的 K 线开始由下至上穿过 MA21，且 MA21 的趋势也开始向上扬。这暗示着市场可能开始反弹。在理论状态下，此时的 RSI 不应该突破 60 一线，但实际上，我们可以容忍该指标短暂地突破 60，只要停留的时间少于 7 根 K 线就问题不大（最大停留时间为 6 根 K 线）。目前这个反弹我们视为熊市中的反弹，因为我们已经确认了前一波下跌是市场的主要趋势的体现，那么，我们可以把这次反弹的高点标记为"B?"，打问号是因为反弹还可能继续。上面这些操作都是基于我们在前几章关于第一类趋势形态以及 RSI 摆动指标相关内容的学习。

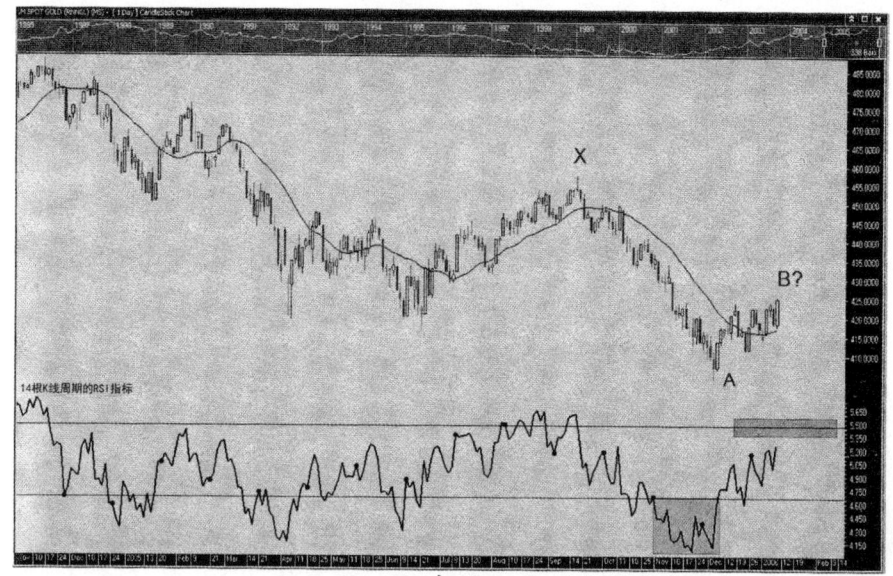

来源：经《市场分析师》许可转载

图 7-4 标记回调浪

我们预期回调比主要趋势的下跌浪级别要小，因此回调的比例要小于 1.00。在斐波那契理论中，脉冲浪和回调浪的比例是有一定数学关系的。我们可以把这种关系用公式表达：AB/XA＝斐波那契回调比值。

我们常用的斐波那契回调比值有：

0.382；

0.500 和

0.618

这就意味着，只要我们能够识别脉冲浪的幅度，也就是 XA，就能够很快算出我们理论上预期市场回调的幅度。在图 7-5 中，我们可以看到市场正在向我们理论上的回调区间靠近。

第7章 在交易分析中应用斐波那契数列和比值

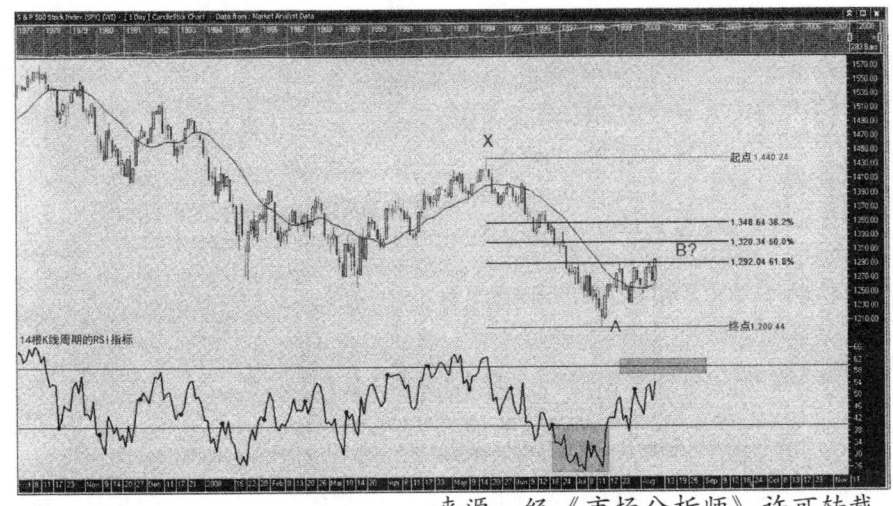

来源：经《市场分析师》许可转载

图7-5 斐波那契回调区间

如果应用第一类型的趋势形态交易设置，一旦市场收盘价低于MA21，就会触发入场做空的交易。我们还可以利用斐波那契回调比值来优化我们的入场区间，我们可以等待一根明显趋势的K线出现后再入场。我们再次利用这个例子回顾一下确定回调结束并跟随趋势入场交易的步骤。

1. 当RSI指标在40以下，市场处于下跌浪。我们把这一波脉冲浪标记为"XA?"。

2. 当市场开始回调，我们看到MA21开始抬头，市场价格从MA21的下方开始上穿，但我们看到市场反弹力量较弱，买盘力度不大，因为RSI指标在60下方就开始停滞不前了。这时，我们可以识别出XA，而且可以把当前的回调浪标记为"AB?"。

3. 接下来，我们引入斐波那契回调比值，我们可以看到AB除以XA的比值在理想的斐波那契回调关系范围内。

4. 如果采用"龟汤交易法"，那么触顶回调的那根K线可以作为我们参与下一波下跌趋势的入场点位。尽管目前市场处于第一类趋势形态,但如果我们的新工具能够给我们足够的信心,我们也可以采用区间震荡形态下的龟汤交易法,给我们机会寻找更好的入场点位。

一旦入场,我们就要决定什么时候止损离场,或者什么时候应该获利了结。我们继续回顾清单:

止损位(见图7-6):

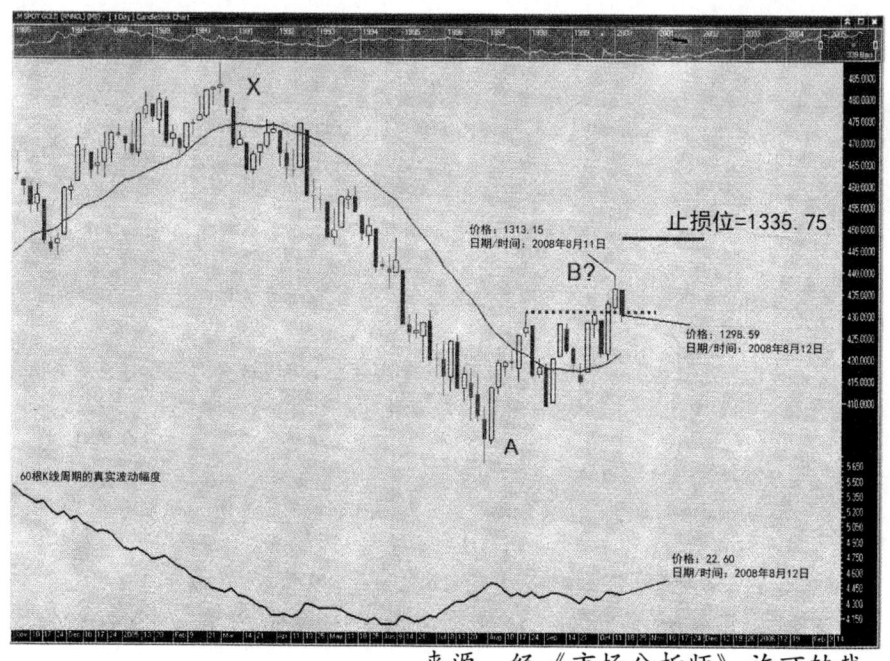

来源:经《市场分析师》许可转载

图7-6 止损位

在图中插入ATR60指标,并计算出指标值;

计算止损价位

止损价=(B?的高度)+(ATR60的值)

止损价=1313.15+22.60=1335.75

第7章 在交易分析中应用斐波那契数列和比值

通过盈利风险比计算的出场目标位（见图7-7）：

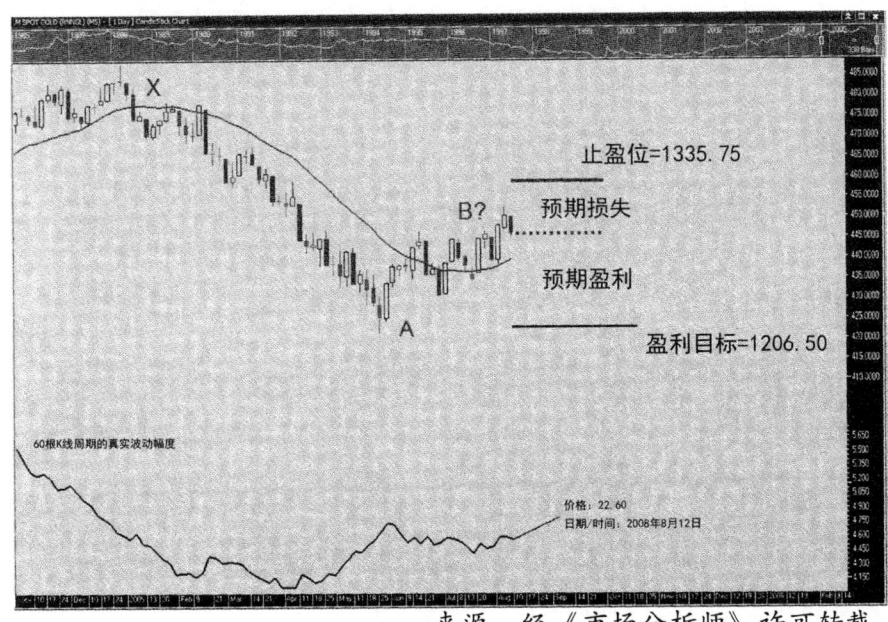

来源：经《市场分析师》许可转载

图7-7 盈利 vs. 风险

1. 计算预期亏损：

    a. 预期亏损 = 止损位 - 入场价位

    b. 预期亏损 = 1335.75 - 1289.59 = 46.16

2. 计算预期盈利

    a. 预期盈利 = 预期亏损的1.8倍

    b. 预期盈利 = 1.80×46.16 = 83.09

3. 计算盈利风险比下的出场目标位

    a. 出场目标位 = 入场价位 - 预期盈利

    b. 出场目标位 = 1289.59 - 83.09 = 1206.50

通过斐波那契理论来计算盈利目标位

到现在为止，我们已经学习了一些斐波那契比值的使用方法，他们可以用来计算 AB 回调浪与 XA 脉冲浪之间的比值关系。斐波那契理论还告诉我们，XA 脉冲浪作为第一浪，与新的 BC 脉冲浪（也是我们希望入场把握住的趋势）有着一定的数学关系。在理论条件下，XA 和 BC 的比值是 1.00，也就是说，新的脉冲浪与第一浪的规模及长度几乎相等。然而，现实中因为诸多因素的影响，我们只能将斐波那契扩张比值作为我们潜在的盈利离场目标价位。

斐波那契扩张比值主要是这几个：

0.618

1.000

1.618

2.618

我们可以把这些比值形象地称为：小级别、中级别、大级别以及超大级别的扩张。

要决定目标出场位 C，我们需要知道第一浪 XA 的长度。根据 XA，我们可以按照斐波那契扩张比值，计算出 BC 可能的长度。

第 7 章　在交易分析中应用斐波那契数列和比值

1. 如果 BC 浪的级别比较小，我们预期它大概为 XA 的 0.618 倍；

2. 如果 BC 浪的级别为中等，我们预期它大概为 XA 的 1.000 倍；

3. 如果 BC 浪的级别比较大，我们预期它大概为 XA 的 1.618 倍；

4. 如果 BC 浪的级别超级大，我们预期它大概为 XA 的 2.618 倍。

接下来我们看图 7-8。我们将下跌的脉冲浪起点标记为 X，下跌脉冲浪的终点标记为 A，反弹浪的终点标记为 B。在图 7-8 中，我们也计算出了止损位以及根据最低的盈利风险比计算出的止盈位。

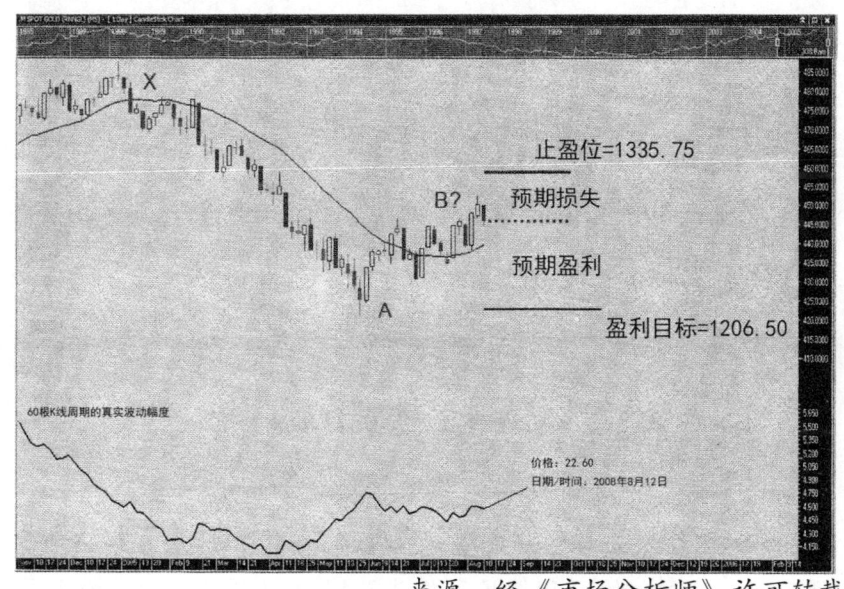

来源：经《市场分析师》许可转载

图 7-8　XA 脉冲浪第一浪以及回调浪 AB

斐波那契扩张比值工具可以帮助我们在图中画出斐波那契止盈位。例如，市场分析师 6 版本软件，要求我们选择斐波那契扩张工具，然后点击确定脉冲浪第一浪的起点 X，之后再点击 A，确定脉冲浪的终点。最后，我们点击 B，确认可能的回调浪的终点，同样可能是新一波脉冲浪的起点。这样，根据斐波那契扩张比值算出来的止盈出场位，就会被自动计算和显示在图表中。在我们的例子里，第一个斐波那契目标止盈位是较小的止盈价位（见图 7-9）。中等和较高的止盈位也可以被画出来，但受到图的范围限制没有显示出来。

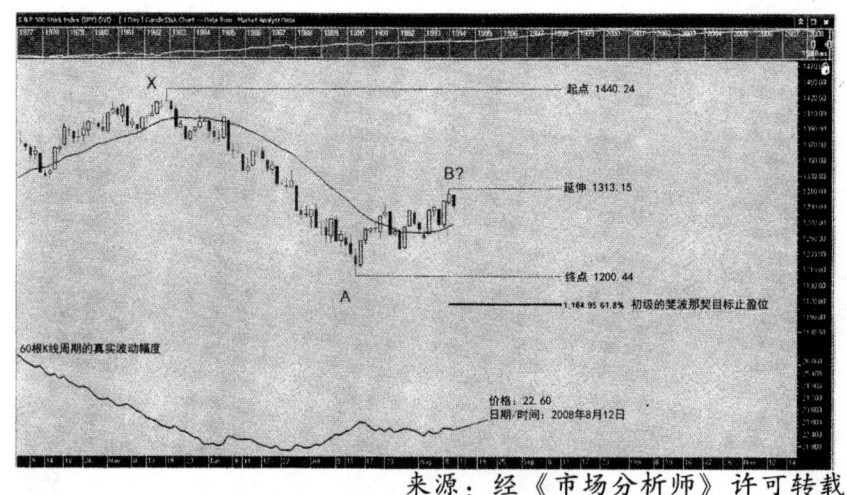

来源：经《市场分析师》许可转载

图 7-9　初级的斐波那契目标止盈位

市场价格继续前进，我们的分析得到了验证，市场在初级的斐波那契目标止盈位给了我们盈利作为奖励（见图 7-10），然后最终达到了中级和高级的斐波那契目标止盈位（见图 7-11）。

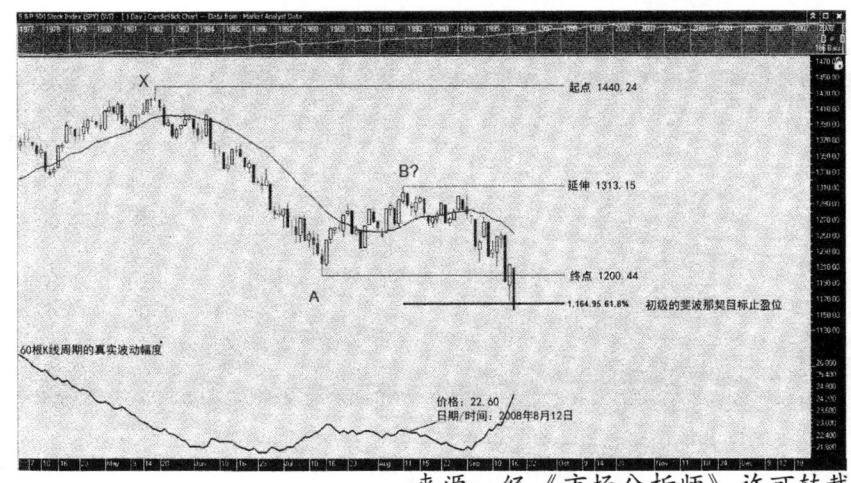

图 7-10 达到较小的斐波那契止盈位

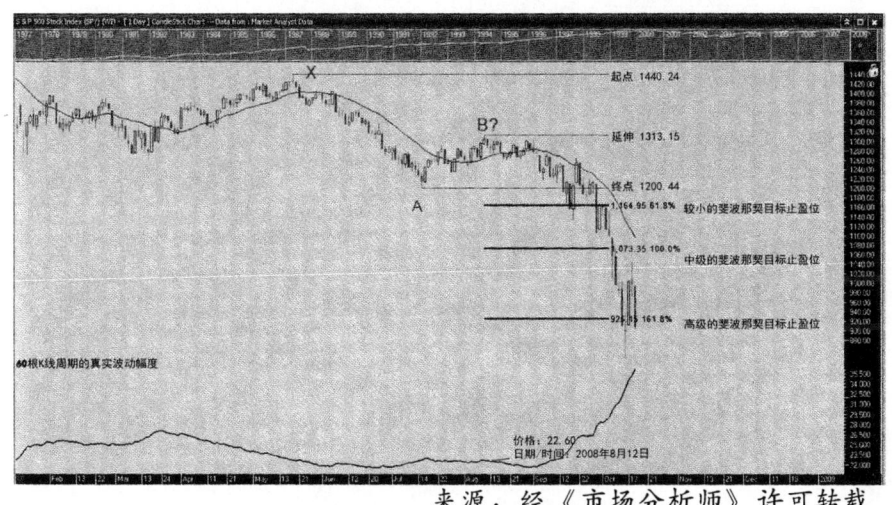

图 7-11 中级和高级的斐波那契止盈位

我们尽可能多地进行独立练习是非常重要的。记住,熟能生巧。在学习过程中记住我们出错的地方,随着我们练习越来越多,我们就能学会避免曾经犯过的错误,改善我们对正确交易技巧的理解和执行。

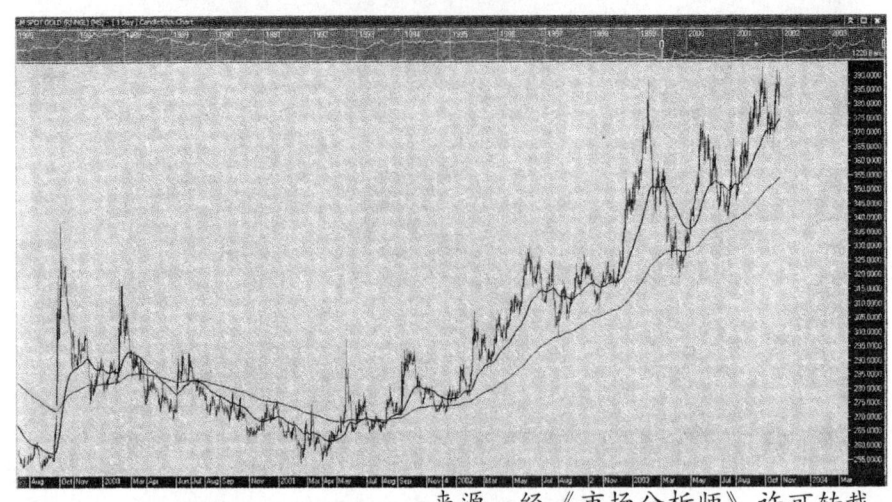

来源：经《市场分析师》许可转载

图 7-12 实操训练：更长周期的展望

下面我们通过图 7-12 开始练习。

我们需要做些什么？如果我们能有一个清单，或许可以执行得更好，就好像武术学徒们根据师傅教会的招式一遍又一遍地练习。

1. 首先我们要问，当前市场较长周期的移动平均线的趋势是怎样的？我们采用 MA55 和 MA233（注意，这里更长周期的移动平均线采用指数平滑移动平均线）。我们观察到：

  a. MA55 处于趋势形态，高点不断刷新，低点不断抬高。

  b. MA233 的趋势向上。

  c. MA55 在 MA233 之上，且 MA233 也有向上的趋势。

   i. 我们可以得出结论：较短周期的趋势是向上的，我们可以跟随强势的买盘进行买入，因此我们站在买方的立场，我们所做的交易也应该是买入。

2. 接下来我们具体看准备入场交易的短周期，如果我们的交易周期大概为一周（以 MA8 和 MA21 为代表，注意，我们的短周期移动平均线是简单的移动平均线)。为了练习,我们选择MA21来作为判断趋势的周期。

3. MA21的趋势是什么?

a. 我们看到高点和低点都在抬高,这种趋势形态与我们看到较长周期的移动平均线的趋势是吻合的。

4. 这个向上的趋势很可能会持续吗?

a. 我们可以在图中引入14根K线周期的RSI指标(见图7-13)。我们认为,牛市的趋势必须伴随RSI停留在60指标线之上,在短暂下跌时,RSI指标必须在40一线止步,且伴随回调结束。

i. 我们可以得出结论:在图7-13中,第一类趋势形态很可能出现;

ii. 第一类趋势形态的交易入场点,是当市场收盘价在21根K线的慢速移动平均线之上时。

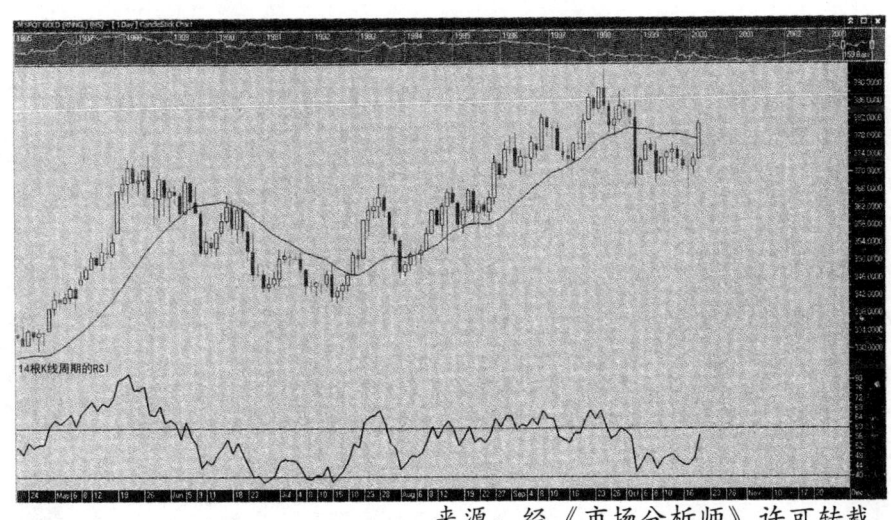

来源:经《市场分析师》许可转载

图7-13 实操训练:加入RSI指标

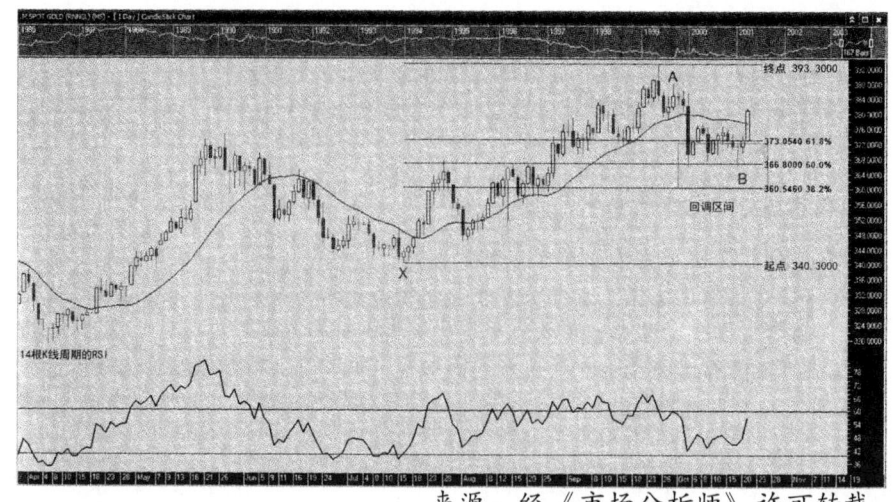

来源：经《市场分析师》许可转载

图 7-14　实操训练：加入标记

5. 接下来我们需要标记脉冲浪和调整浪（见图 7-14）。

a. 我们可以引入斐波那契回撤水平指标，来进一步证明市场是否真的只是单边趋势中的回调而已。

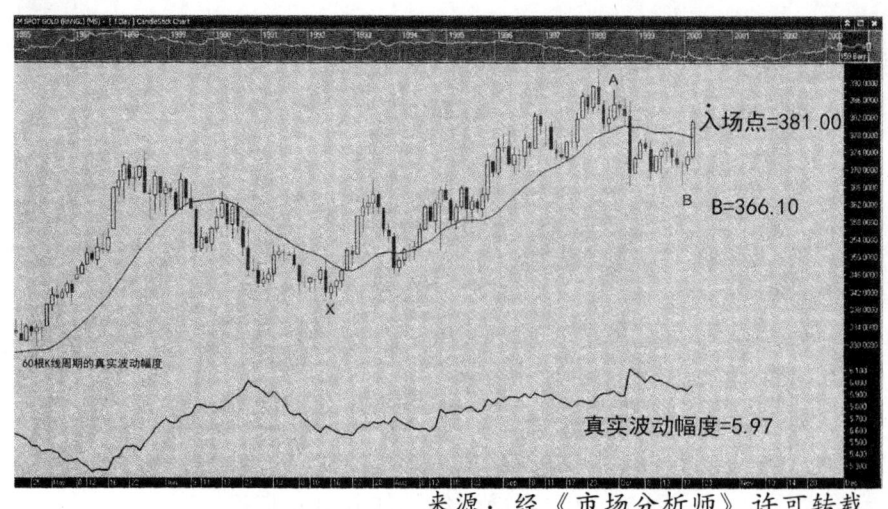

来源：经《市场分析师》许可转载

图 7-15　实操训练：交易计划

第7章 在交易分析中应用斐波那契数列和比值　　147

6. 我们接着计算交易的止损出场价位和符合最低盈利风险比要求的止损价位。我们需要首先获得这些数据（见图7-15）：

a. 60根K线的平均真实波动幅度（ATR）：5.97

b. B的最低点：366.10

c. 入场价位：381.00

d. 止损价位？如果计算没错的话，答案是360.13

e. 止盈价位？利用这个机会练习计算，如果我们没有得出正确答案418.57，那么就需要好好检查错在哪里，才能学习改进。

7. 下一步，我们要计算按照斐波那契比值计算出的止盈目标价位，然后与根据盈利风险比计算出来的结果进行比较（如图7-16）。

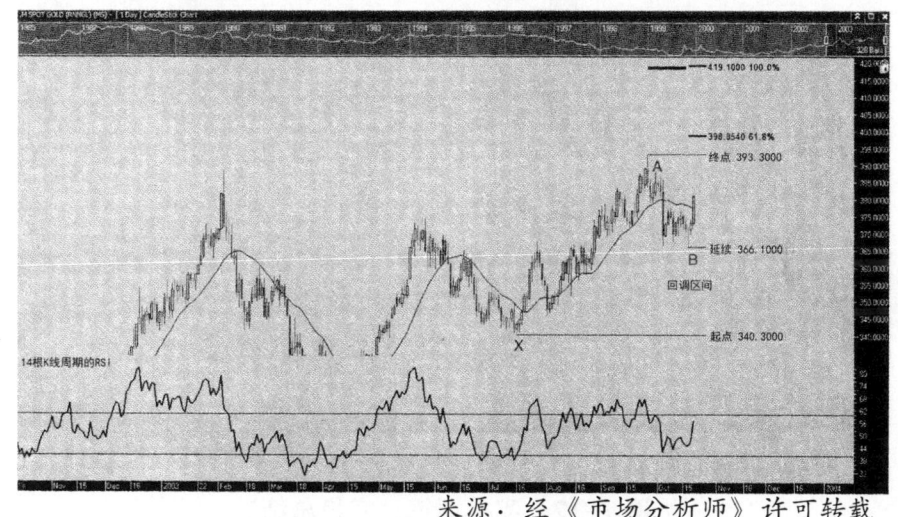

来源：经《市场分析师》许可转载

图7-16　实操训练：斐波那契止盈位

a. 我们知道按照盈利风险比的方法计算出来的止盈目标价位是418.57，因此，我们可以忽略初级斐波那契止盈位，选择在中级止盈位来获利离场。

8. 然后我们耐心等待市场进一步发展，要么我们获得预期盈利，要么在我们在预先设定的可以接受的亏损情形下止损出局。在图7-17的情况中，市场朝着我们预期的方向发展，我们在预先设定好的止盈价位离场。

在本章中，我们学习的要点是，我们必须理解并内化斐波那契回撤比值的概念，它提供给我们一种衡量回撤幅度的方法，以及斐波那契扩张比值告诉我们哪个价位是较好的止盈出场价位。我们根据这些工具选择最符合我们预期的盈利风险比的出场价位。

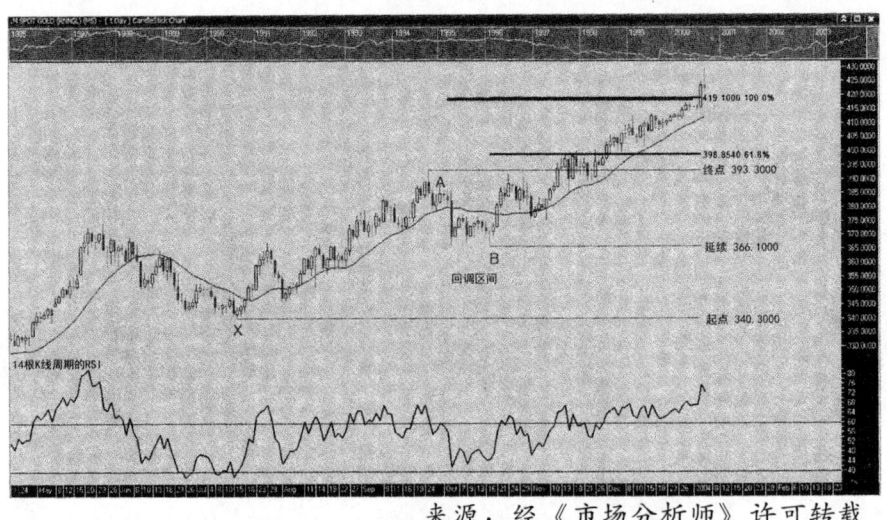

来源：经《市场分析师》许可转载

图7-17 实操训练：交易总结

记住，坚持不懈的训练会改善我们对市场的理解，以及交易的执行能力，而这些训练需要我们投入必要的时间、努力以及精力。为了做好相关研究分析，我们需要投资一些必要的工具和市场数据。

最后，我想谈谈人的心理因素对交易成功的影响。在通往交易成功的路途上，会遇到很多难以克服的顽固障碍，而这些障碍让大多数人最终望而却步，最终无法实现他们的目标和梦想。我们知道，人性本是趋利避害、趋乐避苦的。有研究表明，在很多人眼里，努力钻研意味着痛苦，而人又有需要立即满足的欲望，不愿意为了以后的幸福而承受眼前的痛苦。这也是我们的心理因素导致的。如果我们能够明白这一点，或许可以帮助我们坚定信念。心态，是成功的关键因素。无论是武术练习，还是交易练习，只有吃得苦的人，加上"日本合气交易法"的相关哲学理念的践行，才能够获得最终成功。

第8章 成交量及对其的解读

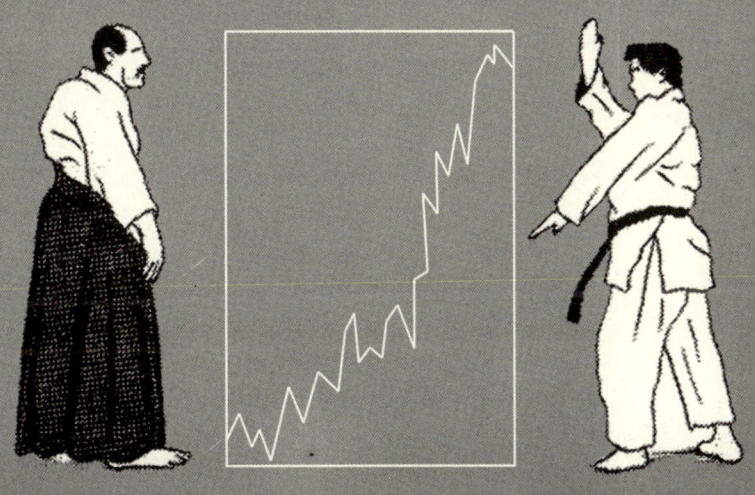

第8章 成交量及对其的解读

前面的章节主要围绕市场价格行为展开分析，最典型的就是日本蜡烛图。如果我们还能懂得倾听成交量向我们发出的信号，就可以进一步提高对市场的理解。

我们回顾一下对日本蜡烛图的理解以及其试图向我们描绘的情景。首先，一定交易周期（无论是周线图、日线图还是小时图）的开盘价，就像日本剑道里的首次交锋，之后的多次过招决定了接下来这个周期内的胜负，如果最终买方力量获胜，那么蜡烛图的烛身就是以白色或者非阴影的颜色来表示，如果最终卖方力量获胜，那么蜡烛图的烛身就是以黑色或者阴影的颜色来表示。此外，开盘价和收盘价的距离，展示了这段时间获胜一方的力量强弱，而整个蜡烛图的范围就是最高价和最低价的区间（见图8-1）。

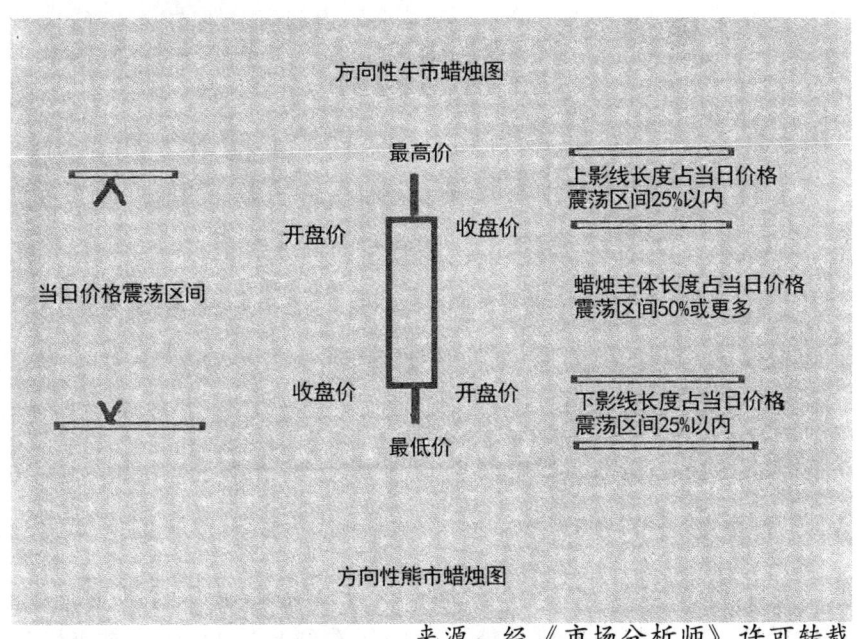

来源：经《市场分析师》许可转载

图8-1 单边趋势蜡烛图

我们来看图中这段交易时间内的成交量信息。打个较为形象的比喻，成交量就好像是买卖双方战斗的燃料一样，如果成交量出现较大攀升，一般伴随着市场的单边趋势上涨或者趋势下跌。

我们再回顾一下，市场处于扩张的区间震荡形态的交易原则。在区间的上沿（阻力位）时，我们可以预期买方力量逐步减弱，因此在阻力位的蜡烛图形态能够帮助我们确认买卖双方的力量。相反地，在区间的下沿（支撑位），我们可以预期买方力量逐步增强，卖方力量减弱。

另外，当市场出现区间突破时，有70%的概率是假突破。我们的"龟汤交易法"正是基于这一点而形成的。

现在，我们可以思考一下成交量到底可以给我们暗示一些什么。成交量代表着买卖双方持仓意愿的总和，我们可以把它看作为市场提供能量的燃料。举个例子，如果目前市场正在进行区间突破，但伴随的成交量非常小，这意味着什么？这意味着市场对突破的信念不坚定，也就是说，低成交量情况下的突破就好像一辆希望越过障碍但却没有踩够油门的跑车，是很容易失败的。

相反地，如果市场突破时伴随着很高的成交量，我们可以判断出市场的突破力量非常坚定而强大。我们也可以把高成交量想象成突破阻力时踩油门的那一脚，对于越过障碍非常必要。

我们来看一个区间震荡形态的图，并在图中加入成交量指标，来改善我们的分析（见图8-2）。我们看到，市场正在接近8月16日的前一低点（31.02美元），这一低点代表的价位我们用虚线标记了。在这一低点，市场曾经出现了快速反弹，因此我们这个价位附近应该有一定的支撑动能。我们还看到8月16日的成交量为3730.8万股。

第8章 成交量及对其的解读

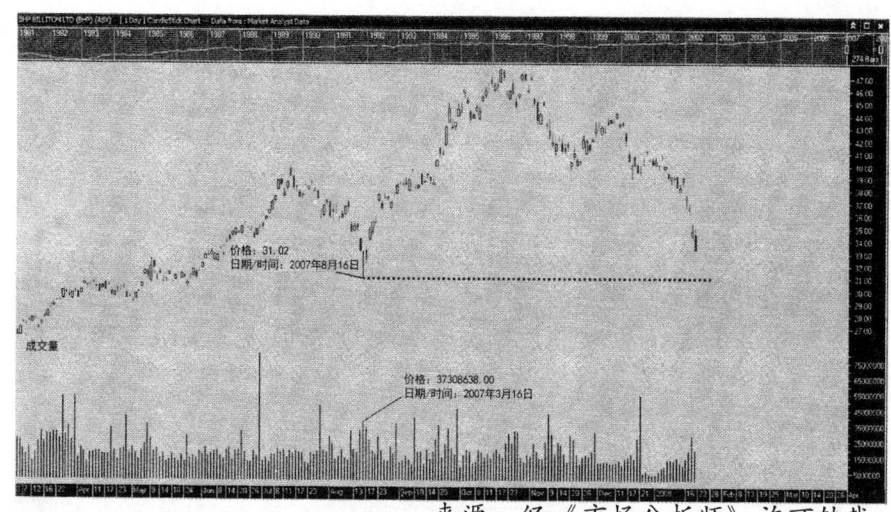

来源：经《市场分析师》许可转载

图 8-2　成交量

我们现在来考虑下当价格接近市场支撑位时可能出现的三种情况。市场可能在接近（但不一定达到）这一支撑位时就开始反弹，也有可能市场突破这一支撑位，然后要么突破成功出现一波趋势性的下跌，要么继续回到震荡区间。

我们先来考虑突破支撑位的情况，这意味着，卖方力量正在尝试征服买方，突破他们此前保卫的防线（31.02美元）。

1. 如果我们看到成交量显著小于3730.8万，我们可以判断卖方力量并不坚定，缺乏足够的意愿和动能。不过，我们需要应用斐波那契数列来过滤一些杂乱的信号，并制定一个成交量的标准，方便判断。这里，我们选择将标准定在3%，如果此次的成交量小于上次成交量的幅度超过了3%，那么就符合我们"显著小于"的标准。

2. 如果我们看到成交量显著超过3730.8万，我们可以假定卖方的突破尝试是有足够的真实意愿的,但我们还是要选择一个斐波那契数列来过滤一些杂乱的信号,制定一个衡量"显著超过"的标准。这里我们选择8%,即此次的成交量要高于上次成交量的8%,才能算是"显著超过"。

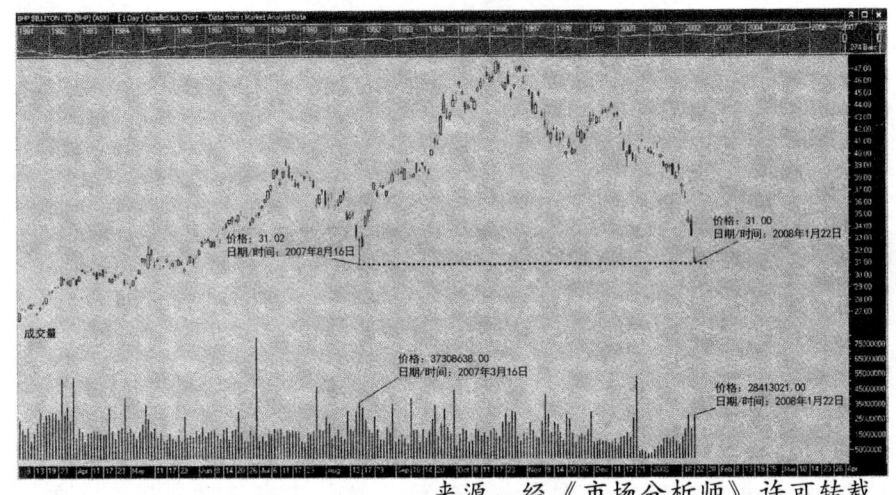

来源:经《市场分析师》许可转载

图8-3　比较成交量

1月22日,市场价格达到了31美元的新低,成交价相对较少,仅为2841.3万。从数学角度来看,这次的成交量比上一次小了23.8%,符合我们的显著小于的标准。基于上述原则,我们认为卖方力量不够坚定,还足以让买方完全放弃31.02的防守线;也就是说,尽管出现了一根大阴线,我们认为卖方力量的能量将会逐步减弱,我们有理由怀疑市场仍然处于扩大的震荡区间内。那么,当买盘力量逐步增强,市场出现企稳回升态势时,我们可以考虑买入。这就是所谓的龟汤交易法的原则。同时,我们也要注意,龟汤交易法的买入入场信号的K线必须伴随着交易量的回升,

第8章 成交量及对其的解读　　157

这个回升是相对出现价格突破的大阴线当天的成交量而言的。这样就意味着市场向下突破区间的力量比区间触底向上反弹的力量要弱。当然，尽管我们认为这一种交易模式的成功概率较大，我们仍然要按照惯例制定过滤策略，在新低价位的下方设置止损（见图8-4）。

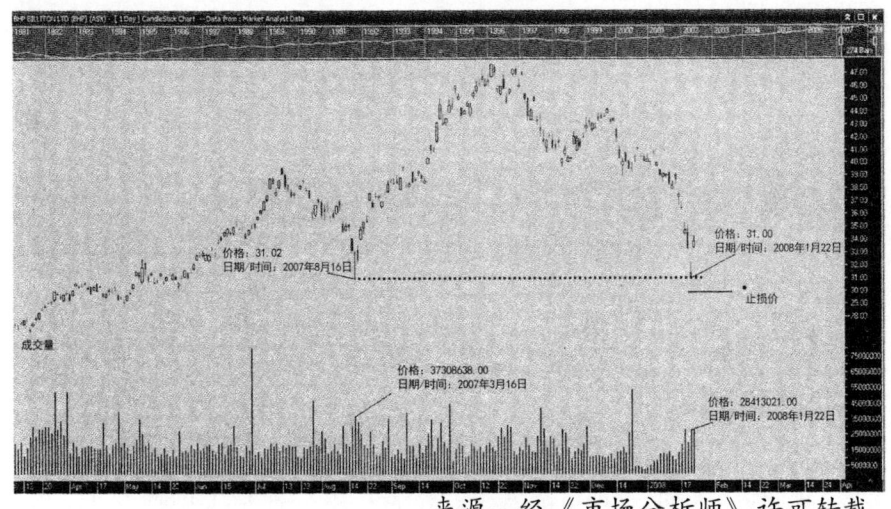

来源：经《市场分析师》许可转载

图8-4　止损价

我们知道，在任何区间震荡的市场里，价格倾向于在区间上下沿之间来回游走。更关键的是，延续这种区间震荡概率有70%。基于这一交易策略，我们再引入成交量指标来配合判断，可以进一步提高我们的成功概率。刚刚举的例子里，我们的观点得到了验证，市场从区间下沿反弹，向区间上沿移动（见图8-5）。从图中我们可以看出，市场正在朝着顶部的阻力位47.70美元一线移动，这是10月18日创出的新高。我们同样用虚线进行了标记。

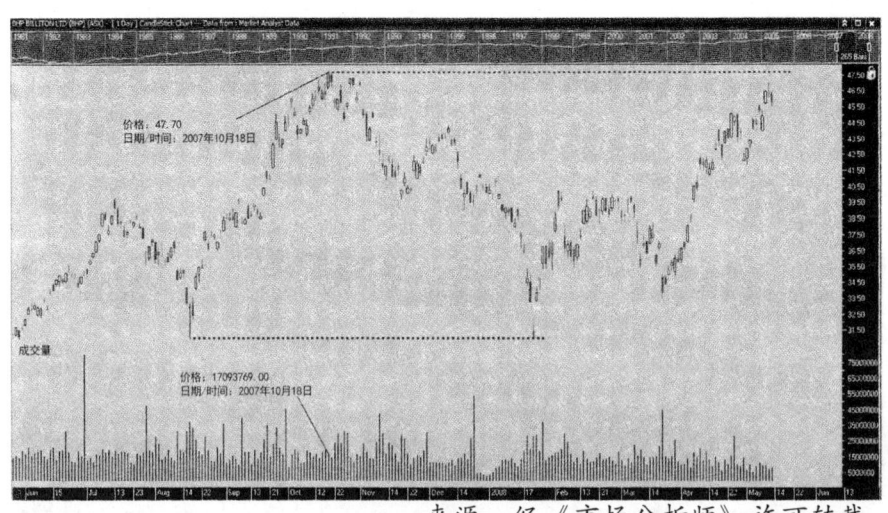

来源：经《市场分析师》许可转载

图 8-5　向目标价位移动

我们还可以找出 10 月 18 日的成交量数据为 1709.3 万股。

我们可以预期三种可能发生的情景：第一种是市场朝着 47.70 美元的高度前进，但没有达到就开始回调，第二种是市场精准地在这一价位出现回调，第三种情景是市场突破创出新高。价格出现突破的当日的 K 线以及成交量，能够给我们必要的信息评估突破的有效性，看区间震荡模式是否仍在继续。

如果我们希望突破成功，应该看到怎样的成交量信息呢？我们应该看到一根伴随着成交量显著超过 1709.3 万股的大阳线。如果这种情况出现，我们有信心买方力量不仅控制了价格突破当天的市场价格，还代表买方力量比之前高点的卖方力量要更为强大。我们可以把高成交量看作突破阻力位的燃料。

相反，如果突破的交易量显著低于 1709.3 万股，我们可以判断这个突破极有可能失败,市场仍然处于区间震荡形态的控制中。

基于上述我们预想的几种情景,我们也做好了不同情况下的操作方案。在图 8-6 的例子中,市场出现一根突破阻力位的大阳线,伴随着 1781.7 万股的成交量。

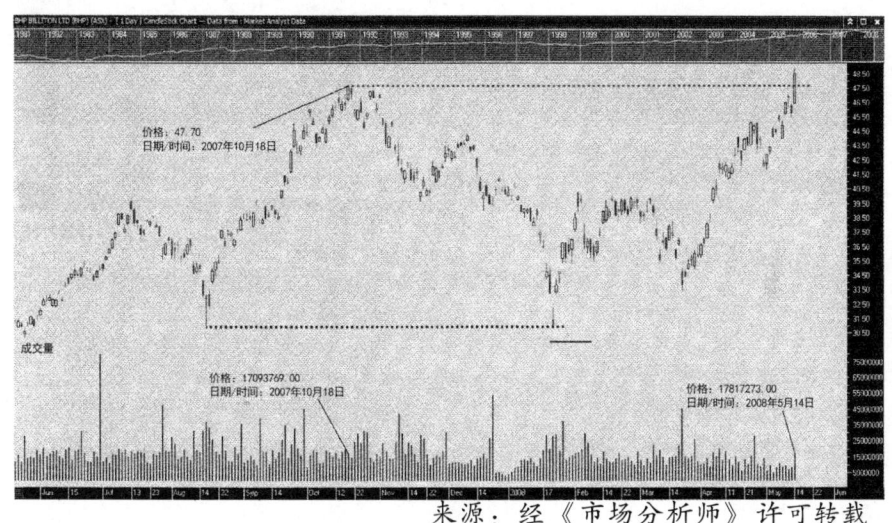

来源:经《市场分析师》许可转载

图 8-6 再次突破

单纯从数字上来看,这个成交量要比之前高点的成交量大。但具体比较下来,超出的比例仅为 4.23%,不符合我们用斐波那契数列设置的 8% 的"显著超出"的标准。因此,我们怀疑这次突破的动能及有效性。这种突破最多只能被评估为不确定的突破,因为它既不符合我们设定的"显著超过"的标准,也不符合"显著小于"的标准(见图 8-7)。因此,我们选择不参与本次突破机会的交易。

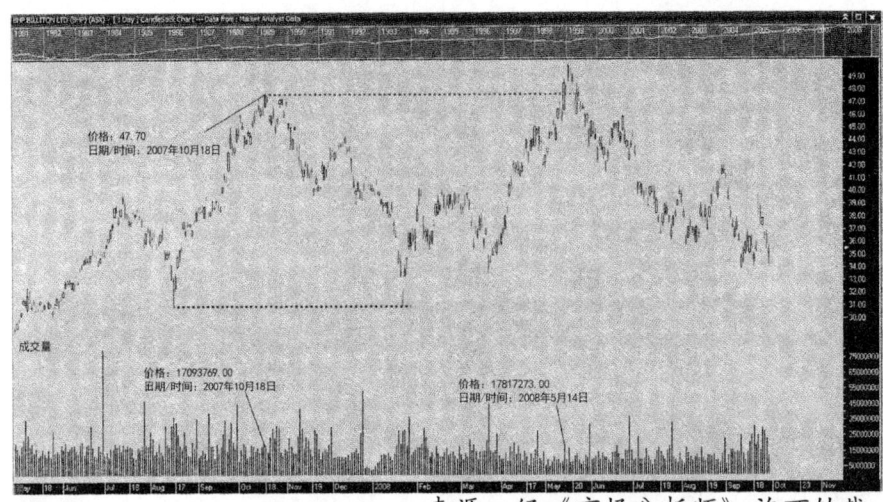

来源：经《市场分析师》许可转载

图 8-7　失败的突破

现在我们把过去几章学习和练习过的各种工具和方法综合起来运用。在图 8-8 中，我们插入了 MA55 和 MA233，以及 14 根 K 线的 RSI 指标。

下面是我们的观察结果：

1. MA55 的趋势向下，代表短周期的趋势向下。

2. MA55 在 MA233 的下方，这代表向下的趋势还可能会继续。

3. RSI-14 清晰地显示出任何上涨的波段只是短期的调整，而下跌的波段伴随着 RSI 持续在 40 的下方。这进一步验证了我们看空的观点，我们应该进行"先卖开后买平"卖空策略。

4. 我们也可以选择第一类趋势形态进行交易，等待市场出现短暂的反弹且动能减弱时逢高卖空，或者可以选择突破策略，在市场跌破支撑位时追空。

现在我们把成交量数据加入图中（见图 8-9），并继续得到如下观察结果：

第8章 成交量及对其的解读

1. 9月10日出现的区间底部是33.90美元,市场随后反弹,因此这个底部价格代表一段时间内的支撑位。

2. 9月10日的成交量为2524.9万股。

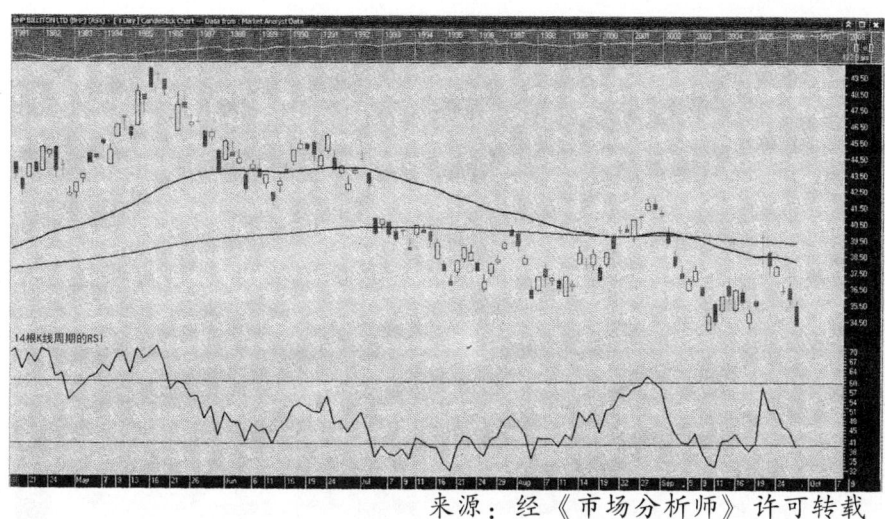

来源:经《市场分析师》许可转载

图8-8 组合方法和工具的使用

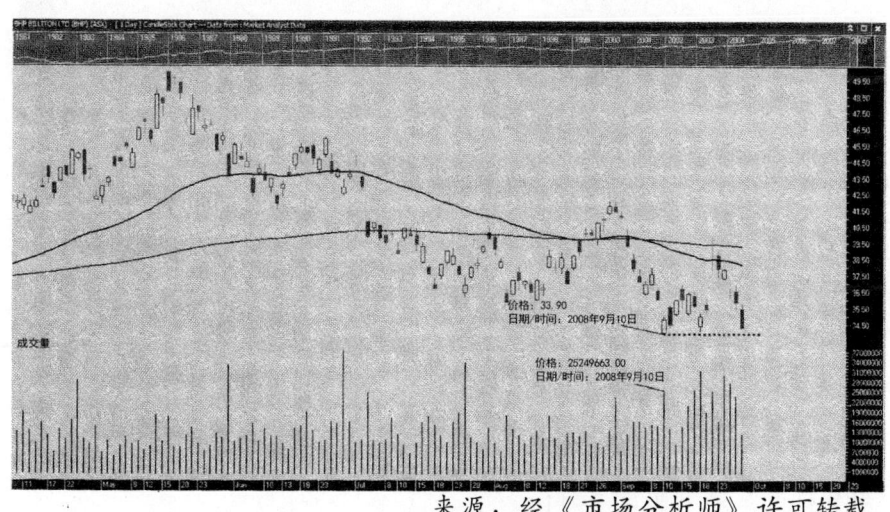

来源:经《市场分析师》许可转载

图8-9 加入交易量指标进行分析

我们想一想成功突破的情景吧。这种情景下，蜡烛图的突破力度和突破当天的成交量都应该要显著超出前一次高点。斐波那契规则告诉我们，较大概率的成功突破需要伴随2524.9万股的1.08倍的成交量。因此，我们寻找的当日的K线的突破动能应该要大于1，成交量必须大于2726.9万股。如图8-10，我们看到9月30日的市场价格出现跳空下跌，伴随3166万股的成交量，且市场几乎以最低价收盘。

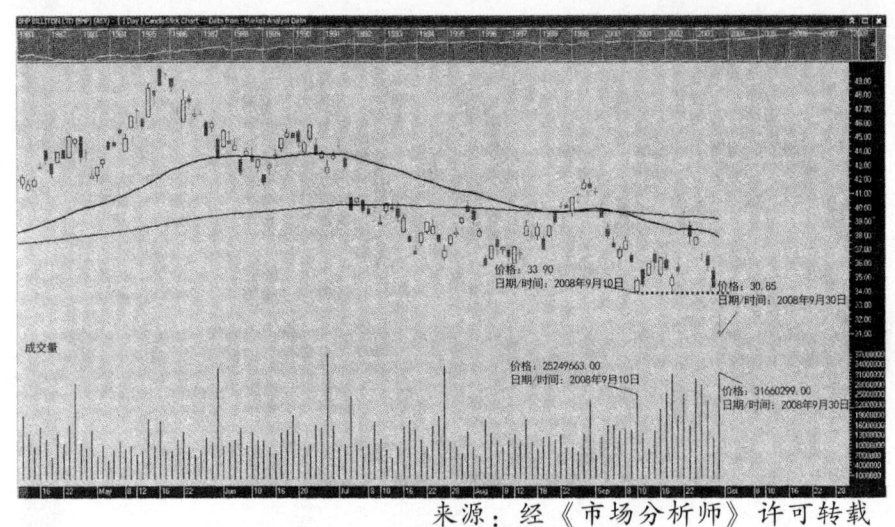

来源：经《市场分析师》许可转载

图8-10 向下的区间突破

因此，我们可以计算出，此次向下突破的动能大于1，突破的成交量符合斐波那契定义的高成功概率的突破。市场随后出现了抛售性的下跌（见图8-11）。

第 8 章 成交量及对其的解读

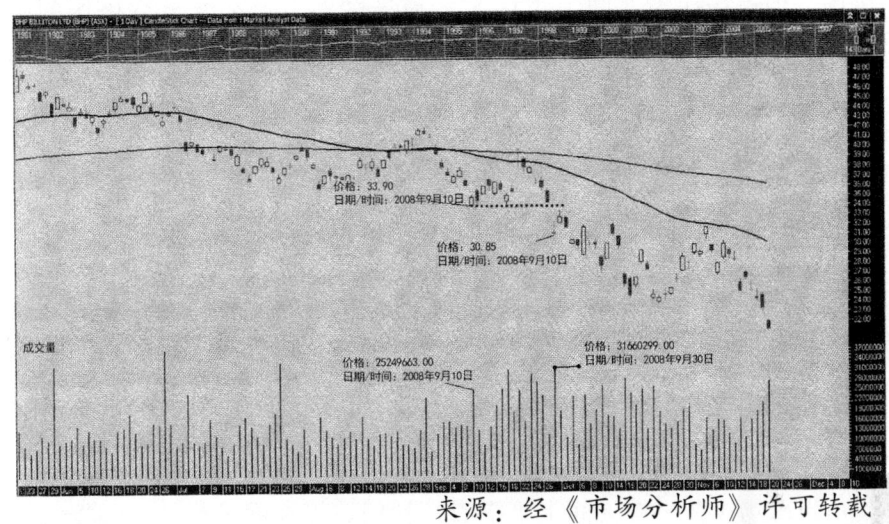

来源：经《市场分析师》许可转载

图 8-11 成功的突破

把成交量比作提供能量的燃料，能够帮助我们更好地理解一些关键因素。任何时间周期的 K 线，无论是周图、日图还是小时图，出现单边趋势的 K 线一般都会伴随着较大的成交量，但也有时候，高成交量或者说高能量伴随着低于平均水平的涨跌幅，或者说不正常的波幅。正如我们之前提到的，蜡烛图显示的范围就是买卖双方斗争的轨迹，如果高成交量和高能量伴随着较小的涨跌幅，那主要原因就是有障碍使得能量没办法在 K 线图中得以释放，这个障碍可能是由于更长周期的 K 线图遭遇阻力或者支撑。

一个合格的合气交易者，必须对成交量的信号非常敏感。还记得孙子兵法中的建议吗？——知己知彼，才能百战百胜，其中，知彼就是了解外部的敌人，这一点非常重要。在交易中，外部的敌人就是市场，每个成功的交易者都必须了解市场行为，了解越深，成功概率就越大。

现在复习一下本章介绍的主要知识点。我们主要寻找区间震荡市场，但市场探索区间上下沿时，趋势性的力量会尝试突破区间边沿。我们通过观察成交量可以帮助回答这个最重要的问题：区间震荡模式还会继续吗？市场未来是突破区间走向单边市吗？显然，这个问题的答案就决定了我们的交易策略。

如果区间震荡模式还会继续，我们可以在区间上沿当买方力量变弱时卖出，或者在区间下沿当卖方力量走弱时买入。

如果区间震荡模式转为单边走势，那么我们要考虑跟随新的趋势。如果市场成功突破区间上沿，我们则跟随买入。如果市场突破区间下沿，我们则跟随卖出。

当市场正在试探区间上下沿时，我们可以考虑下列条件和规则来帮助我们回答最重要的那个问题：

1. 当市场价格朝着区间上沿（或下沿）移动时，我们等待市场向上（或向下）突破前一高点（或低点）。

2. 我们需要知道前一高点（或低点）的价格和成交量。

3. 当市场突破前一高点（或低点）时，我们要计算出突破K线的突破动能。

4. 我们还需要比较突破K线的成交量和前一高点（或低点）的成交量。

我们的结论是：如果突破K线的突破动能小于1，且当日的成交量显著小于前一高点或者低点，那么区间震荡模式很有可能还会继续。我们把"显著小于"的过滤标准设定为3%，这就意味着如果前一高点或者低点的成交量为1个亿，那么如果本次突破的成交量为9700万及以下，而且区间震荡模式还会继续。

同理，如果突破K线的突破动能大于1，且当日的成交量显著大于前一高点或者低点，那么区间震荡模式很有可能转变为单边趋势形态。我们把"显著大于"的过滤标准设定为8%，这就意味着如果前一高点或者低点的成交量为1个亿，那么如果本次突破的成交量为1.08亿及以上，而且区间突破成功概率较大。

此外，在单边趋势市场里，如果一根K线的成交量较大，但K线的涨跌幅小于平均值，则意味着趋势面临威胁。市场在暗示我们，更长周期的力量在发挥作用，它们将高成交量给市场带来的能量吸收掉了，限制了短周期K线的涨跌幅度。

在某些金融市场，尤其是没有监管的柜台交易或者场外（OTC）交易的外汇市场，成交量的数据很难获得。一般来说，只有在受到监管的场内交易所市场，才能拿到准确的成交量数据，而有些场内交易所，例如芝加哥商业交易所（CME），上市的期货合约都有期限，如果我们在到期日前观察这个合约的成交量，会有一个突然的上涨，这是因为交易者需要从即将到期交割的合约中平仓离场，重新进入另一个新的月份的合约来进行持仓。因此，换月带来的成交量变化在每个即将到期的合约中都可以观察到。期货合约的这一特点，使得成交量的分析更为复杂，我们需要寻找方法从统计上对这些成交量数据进行"正常化"处理。

这种情况在股市中不太可能出现，因此，我们一般在受到监管的场内股票交易市场运用成交量分析方法，不仅如此，我们更喜欢在市值最大的前100只股票中应用这种方法，因为技术分析在自由交易的大容量市场更为有效。

第9章 风险、资金和交易管理

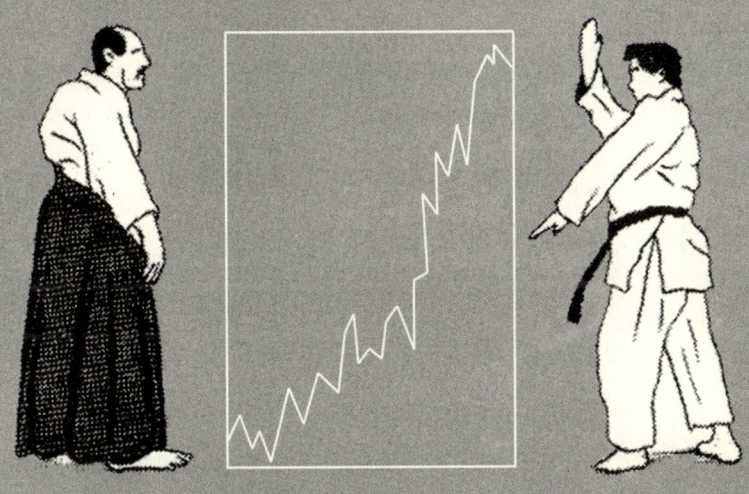

第9章 风险、资金和交易管理

学习阶段

在前面 8 章，我们已经学习了一些关于市场行为的基础部分。总的来说，我们希望参与交易的市场要么是单边趋势或扩张模式，要么就是区间震荡或收缩模式。只要我们的工具表明当前的市场形态可能持续，我们就要采取朝着当前市场形态发展方向的交易策略。这意味着在单边向上的趋势中，市场主导力量正在推动市场价格上涨，我们需要与强大的买方力量融合。我们寻找低风险买入时机的方法应该基于以下任何一个条件：

1. 市场短暂调整（第一种趋势形态）。
2. 市场允许我们在一个扩大的区间震荡形态买入。
3. 市场实现了成功的区间突破。

显然，在一个持续的单边向下形态中，我们将盼望加入占据优势的强大的卖方。

在一个持续的区间形态，我们可以选择在扩张的区间震荡形态中实行交易。

当我们开始把这些交易步骤付诸实践时，首次入场的仓位应该尽可能地小，即选择我们所交易的市场允许的最小可交易额。这一点是非常重要的，因为作为初学者，我们很容易犯错，这些错误来自前面 8 章所讨论的各种各样方法的理解或执行上。一旦犯错,我们能祈祷错误给我们带来盈利吗?哈哈,那是不可能的,因为错误大部分时候给我们带来的是亏损。我们要明确这一点。在我们成长的学习和练习阶段,我们需要通过最小可交易额进行训练,以此来保证更稳健地获得经验和加强理解。随着我们的进步,我们的理解和执行将变得更加得心应手,到那时我们的交易结果将反映出我们所运用的交易方法的可行性和有效性。当我们认为自己已经获得了一些能力后,我们应该开始记录所做的每一笔交易,以便我们能够分析和判断我们的"交易赢面"有多大。

假定我们通过使用区间震荡形态的交易方法,在各种各样的市场完成了30笔交易,在这30笔交易中,假定有16次是盈利,14次是损失的,那么成功率就是盈利交易次数与总交易次数的比率。按照这种方式计算,成功率就是0.533,也就是说,失手率就是0.467。

此外,我们还能够合计所有的收益,并找出每次盈利交易的平均收益,同时,我们也能合计所有的损失,并确认每次亏损交易的平均损失。

比如,每次盈利交易的平均收益是100美元,而每次亏损交易的平均损失是60美元。

基于这些数字,扩张的区间震荡形态的赢面能够通过以下公式计算:

(平均盈利金额×成功率) - (平均亏损金额×失手率)

这就是"期望公式",它定义了一个非常重要的概念,这个概念告诉我们如何从统计数据的角度客观地衡量交易系统的可靠性。

假如我们把合适的数字代入期望公式,基于这些数字,我们就能判定我们的交易方法是否具备较大的赢面;也就是说,如果我们计算出的这个数字大于25.28,就说明赢面较大。要实现长期盈利,这个计算结果必须保持为正数,而且数字越大,代表赢面越大。如果这个数字是负数，那么我们的方法要不就是一个长期失败的方法，要不就是我们的执行是有瑕疵的。这种对交易结果的分析将帮助我们调整对市场的理解和改善交易计划的执行。切记，我们需要知道要做什么，然后做我们所熟悉的，并要做到极致。

假定在学习和练习阶段，我们借助至今所掌握的方法获得了积极的预期，这将意味着随着时间的推移，我们所运用的这些方法也将为我们带来好的结果。

现在，我们正准备从"学习和练习"阶段，进入"以收益为目标的交易"阶段。

以收益为目标的交易

在学习和练习阶段，我们有意地用最小的额度进行交易，这是为了减少损失，因为那时我们专注于学习过程，而非在乎一时之得失。在学习阶段中，我们需要去琢磨市场是如何运行的，以及改进交易方法的执行力。一旦我们对学习的进程感到满意，我们将准备开始运用这些知识和技巧，去追求丰厚的交易回报。

为此，我们需要充足的资金，大部分企业之所以失败，是因为他们资金不足，同时不能承受初期发生的困难——以交易为生与其他任何行业的经营没什么两样，需要考虑到这一点。

同样关键的是，收益总是伴随着风险。如果我们想要以非常少的资本去创造惊人的巨大收益，那我们不得不承担起非常高的风险,这样的结果只有两种:极大的快乐或巨大的痛苦。

成功的交易者清楚这一点,并计划通过降低收益率来减少损失的风险。非常有意思的是,即便是投资大师沃伦·巴菲特,在过去50年里也只能获得每年平均23%的年化收益率。因此,如果我们能持续稳定地获得超过这个数字的收益率,那么我们理应感到开心!

资本的保存

让我们试想一下这样一个情景:我们已经耐心地等待到市场去到一个低风险、高回报的区域,而我们的交易方法也发出入场参与交易的信号,我们有一笔10万美元的交易资本,我们也设好了止损和获利离场的位置,假设市场如我们的预期那样达到止盈位,那么我们的收益就能达到30万美元,但如果市场未如所料,那么我们可能会损失全部的本金。没错,这就是一个要么成功要么失败的情景。我们不能允许错误发生,甚至是面临着"一子下错、满盘皆输"的局面,这是因为如果我们犯错了,我们将没有任何资本去交易,也因此错过未来可能潜在的收益。虽然人们常说"舍不得孩子套不得狼",但如果我们都本金都输掉了,又拿什么去下注?损失掉本金,赚钱就更无从谈起了。

现在让我们再考虑另外一个极端情况:我们以同样的10万美元资本金和3:1的收益与风险比例做一笔交易,假设这笔交易的结果要么只损失10美元,要么只盈利30美元,在这种情景下,即便我们亏钱,甚至在最坏的情况下连续出现亏损,我们也不会损失很多钱——当然,与交易的本金相比,我们的收益也是微不足道的。

第9章 风险、资金和交易管理

资金管理：我们资本的保存方式

资金管理是一门在"盆满钵满"的欲望和"血本无归"的恐惧中寻找平衡的艺术，这是成功交易的关键要素。所有成功交易者都运用了一些资金管理的理念。那些难以执行资金管理计划的交易者，非常可能在短时间内，使他们的交易账户迅速消亡，而令人难过的事实是，长期来看，95%的交易者都是失败的，只有5%的交易者会获得成功。

我们已经考虑了两个极端的资金管理情景：一个情景是孤注一掷；另一个情景是，熬过许多连续的损失，但下注太小，难以产生与本金相匹配的收益。

专业的基金经理会使用风险原理中的固定比例法。典型的做法是，把交易资本根据交易中可能产生的不同阶段分成固定比例作为潜在的损失部分。下面，我们再次以10万美元作为交易账户的本金和10%的风险比例来考虑问题。这就意味着在任何单次交易中，我们能承受的最大损失就是1万美元。这也相当于一个弓箭手的箭袋中有10支箭，在弓箭用完之前，箭手可以连续10次射偏。我们是希望拿10支箭去战斗呢，还是50支呢？

回到我们假设的存有10万美元的交易账户中，如果我们每次交易的风险损失额定在2000美元，那么我们将能承受50次连续的交易损失。固定比例法的选择是仅仅基于我们的风险预测、风险偏好以及可用资本。大胆的交易者或许倾向于在任何一次交易中冒更多的风险——伴随着时间的发展，这些交易者不仅要保证超高的成功率，他们也难以接受出现在交易生涯开端的损失，其中存在的问题称之为"概率悖论"。在任何一次公开交易中，我们都不能保证交易的最终结果是赢还是输。一系列连续的损失是存在可能性的，更重要的是，胜败的分布是随机的。

很多交易新手或许不能完全意识到危险往往潜伏于粗心大意中。交易新手可能都是缺乏经验的和爱冒险的，但他们当中的许多人将最终明白到市场是会伤人的。只有少部分人由于调整冒险的方式而幸免于难，并获得成功。经验老到的冒险交易者是非常少的，因为他们当中的大部分人都要承担太多交易风险，而一旦概率法则发生时，他们将遭受不可避免的损失。

由于已经考虑到上述这些因素，我们想要保存资本就要采取一个保守的方式来进行资金管理。为此，我们将选择资本的2%作为任何单次交易中的风险金额。

风险管理与2%资金管理规则的结合

在市场行为和交易步骤的学习中，我们已经学会如何判断买入时机，以及确保计算好逻辑和结构性的止损和止盈离场位。交易中的结构性风险的判断取决于我们对于市场的理解。例如，在扩张的震荡区间形态中，我们预料市场行为中会包含一个清晰的底部和顶部。我们使用ATR60作为系统性分析扩张区间中可接受变化的工具。这就是我们的止损位，因为如果市场突破了这个位置，那么扩张震荡的范围可能演变成一个单边趋势，此时如果我们仍然持区间震荡观点，那么我们将遭受损失。

现在，我们需要把止损位的货币损失匹配在2%的资本法则中进行解释。如果结构性的止损位带来的损失是比规定的2%更大的损失，那我们不可执行交易。另一方面，结构性止损的货币额少于2%资金管理法则的金额价值，在这种情况下，我们或许能承担更大的交易额度。

现在，让我们练习如何运用资金管理法则帮助我们决定交易是否在可接受的风险容忍度。图9-1展示的是一组外汇组合：澳元对美元。我们假定市场分析释放买入信号。我们的买入价格是0.7844美元，而止损离场位是0.7562美元。

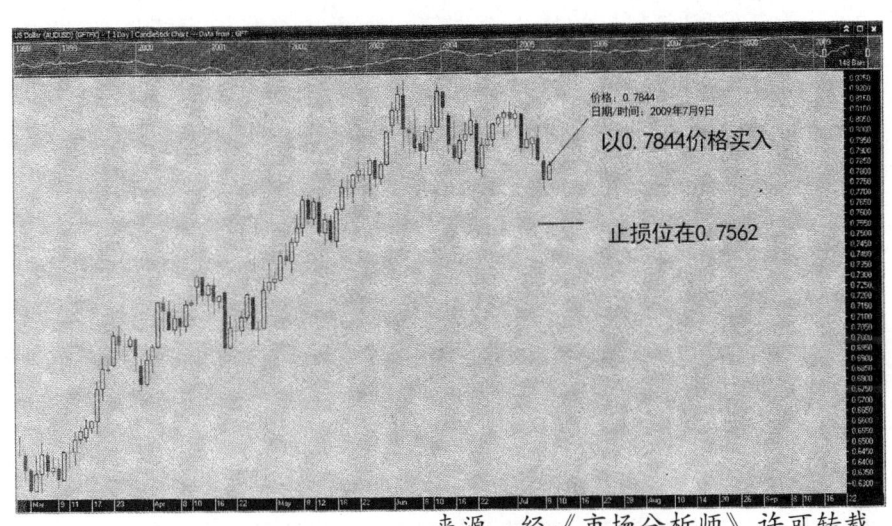

来源：经《市场分析师》许可转载

图9-1 买入位与止损位

我们需要判定这个损失的货币价值，或者在此对外汇交易进行简单描述。外汇交易就是一国货币兑换另一国货币的交易。我们的例子是用澳元（A＄）对美元（US＄）的交易。澳元被看作为主要货币，而美元被看作为次级货币。在这个例子中，我们的观点是，在单边向上趋势中，我们买入和持有主要货币澳元。我们需要使用 0.7844 美元以买入 1 澳元。如果我们犯错和市场跌至我们 0.7562 美元的止损位，那么我们的损失就是 0.0282 美元。需要注意的是，我们的交易将总是以主要货币为主，收益和损失则总是通过次要货币表现，因此如果买入 1 澳元，我们就知道止损的价值。显然，我们不能仅仅交易 1 澳元：交易的规则是任何主要货币的常规交易量是以 10 万澳元的整数倍来表示，换言之，最小的常规交易额是 10 万澳元，因此，我们不得不做好损失 2820 美元的计划，这就是通过市场分析得出的风险管理止损指令。

现在假定我们有一笔 5 万美元交易资本，同时我们选择资本的 2% 作为任何既定交易的最大损失值，这意味着我们只能接受 1000 美元损失风险的交易。尽管我们相信分析是良好的，然而我们不能接受澳元/美元的交易，因为我们没有充足的资本去控制这个风险。

以上整个练习的关键在于理解风险及其对我们交易资本的影响。切记，如果我们损失资本的 50%，我们将需要创造剩余资本的 100% 才能做到盈亏平衡。再者，如果我们的收益率是每年 23%（沃伦·巴菲特过去 50 年的平均收益率），那也要我们用 4 年时间去填平亏损。理性地认识到这个概念是很重要的，更客观地说，我们也必须从情感上接受风险管理原则的重要性，因为这个规则将保证我们的财务保存。保持在游戏中将使我们稳健地交易，这也将给我们必要的时间去得出优秀的、有利可图的市场和交易分析方法。

回到我们的例子，我们仍然能够在相同的止损位交易吗？一个简单的回答是：当然可以！我们比较幸运，因为现在的外汇交易市场交易规模是如此之大，交易程度是如此之活跃。现在有更多的服务供应商为零售商提供迷你外汇合约。我们知道，在外汇交易中常规交易量是 10 万主要货币。一个迷你外汇合约的交易额则是以1万为基础。因此，如果现在我们转而成为一个迷你外汇服务供应商，我们就能够判定在一个单一的迷你合约止损位将损耗我们282美元。所以，我们依然能够进行这个交易——并非以常规交易量，而是以迷你合约实现。

仓位配置

在我们所见的澳元对美元的交易中，我们知道假如通过一个单一的迷你合约交易，我们将不得不做好282美元的损失准备。但当我们拥有5万美元的资金时，我们事实上能够在任何既定交易中承担1000美元的风险。因此，我们能够多个外汇迷你合约，并且仍然处于我们预先设定的规则中。

仓位配置的计算公式就是资金总额的2%除以基于最小交易额的止损位金额。在这种情况下，2%规则的资金量是1000美元，而单个迷你外汇交易的止损资金额为282美元；因此，可允许的仓位配置是3.5个迷你外汇合约。然而，外汇交易只能以合约数量的整数倍进行交易，所以我们需要去掉小数点后一位，只配置3个迷你外汇合约。

现在，让我们来运用相同的原理到股票相关的交易中。图9-2展示的是谷歌，一只在美国纳斯达克上市的股票。从这个图表中我们能够得出什么分析和观点呢？

我们能够证明在MA21中的向上趋势已经达到高位并且已经结束了吗？如果可以，我们就能推断出谷歌可能处于第一类趋势形态。目前的向上移动可能是在熊市中的一次调整移动，我们所预期交易的下一个下跌浪应在图表上所展示的低位下方。

以图 9-3 为例，我们做空的入场点在美股 549.99 美元，止损位在每股 620.89 美元。我们预期的损失是每股 70.90 美元。

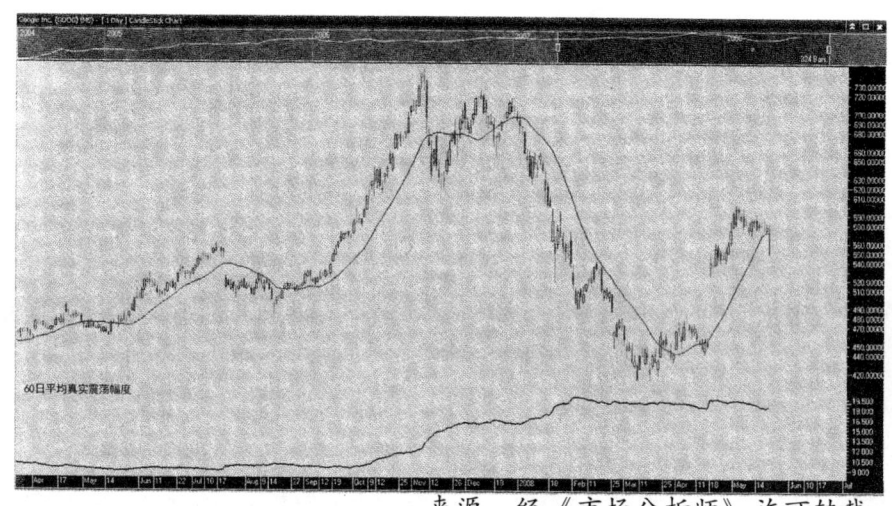

来源：经《市场分析师》许可转载

图 9-2 以股票交易为例子

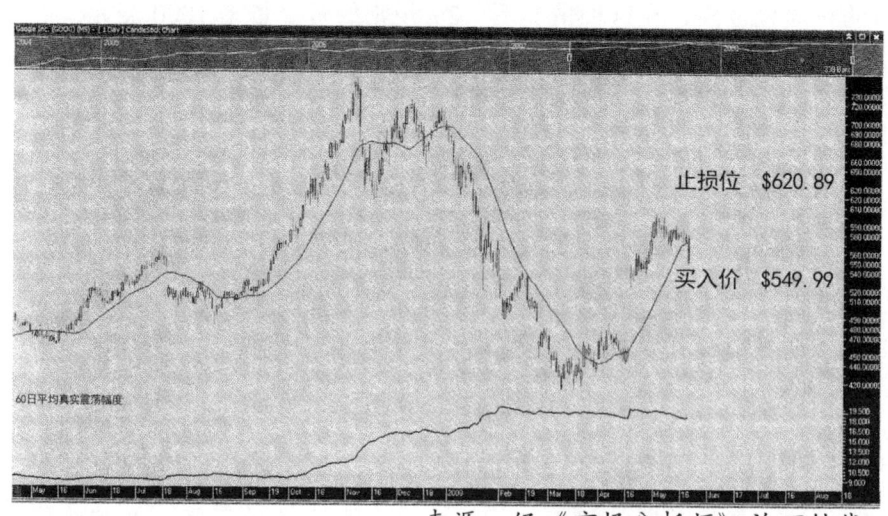

来源：经《市场分析师》许可转载

图 9-3 股票交易：入场位和止损位

纳斯达克是一个监管较为严格的股票交易所，与其他场内交易所一样，它有一系列规范交易活动行为的交易所规则，其中一项规定是，正常或常规的交易额为100股的整数倍。这将意味着如果我们以最小的交易额计算，谷歌股份的100股能带来7090美元的潜在损失。

假定我们的交易资本刚好为3万美元，2%规则规定任何一个单个交易不应超过600美元的损失。我们立马可以看到我们的资金额与所要承担的风险不匹配，所以我们不能交易100股的交易额。

幸运的是，纳斯达克的规则也允许非常规数量的交易。在谷歌（股票）的例子中，我们能够以一股的最小额进行交易。那么交易多少数量股份才是保险的呢？仓位配置公式要求我们用资金总额的2%（在例子中是600美元）除以最小交易量的资金额（例子中是70.90美元），由此得出能够交易谷歌股份的8.46股，去掉小数点后面的数字即为8股。

盈利交易管理和"3"的准则

在任何既定的交易中，如果市场真的向我们分析的相反方向运动，那我们必须并将要准备止损离场。在此之前我们一直纠结这个问题，现在该考虑我们需要如何应对有利可图的交易情景。大部分交易者都是感情用事，交易总是被情绪所主导。当利益出现时，第一反应是收获。为什么会这样呢？交易者是正常人，对于快乐和痛苦都会有情感反应。人类的精神是趋乐避苦的。在交易中，收益是快乐的，因此许多交易者会倾向于采取迅速获利了结的做法，特别是在面对收益有可能蒸发甚至转化为损失的恐惧时。人类的精神如何应对损失的痛苦呢？那就是通过忘记它和寄希望于这种痛苦稍后会转变成快乐！这是一种难以避免的危险状态，因为交易收益将趋于变小，损失将逐渐变得更大。

我们需要想出对策来管理我们的天性。我们需要有一些机制去确保我们的损失是相对较小并可承受的；更重要的是，我们要确保我们的收益比损失显著地大，而且，我们的盈利交易管理方法必须让我们看起来和感觉起来都像一名冠军交易者，至少我们自己是这样认为。

"3的准则"就是这样一种方法，这意味着我们的交易量必须是3个最小交易额的整数倍。在谷歌的例子中，我们已经判断出能够交易8股，但"3的规则"将减少至6股。

什么是"3的准则"中的离场法则呢？第一条法则被称之为收支平衡法则。我们知道我们所预期的损失是每股79.90美元，那么第一个止盈离场位的收益必须是预期损失的两倍，这意味着在这个案例中我们的预期收益必须设定为每股141.80美元，而由于我们是做空谷歌，因此第一次离场水平位必须是比入场价格少141.80美元，因此，我们首次离场的位置设在408.19美元（见图9-4）。

当市场到达首次离场位置时我们应该做什么呢？我们打算在第一个离场位撤出三分之一的仓位。我们能够通过如下计算方式快速得出收益和损失：

1. 最初的全部仓位量是：以549.99美元/股的价格卖出6股谷歌股份

2. 如果价格达到408.19美元/股，买2股（即三分之一）的谷歌股份

3. 收益 = (2× \$141.80) = \$283.60

第9章 风险、资金和交易管理

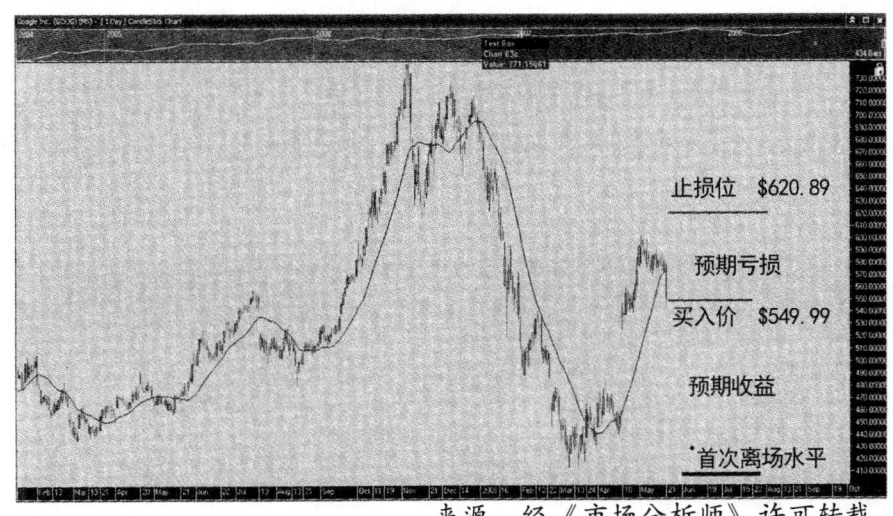

来源：经《市场分析师》许可转载

图 9-4　交易管理："3 的准则"和首次收支平衡离场

我们假定一旦首次离场水平出现了，我们也及时地把收益纳入囊中，接下来市场却未如预期般运动。假定市场一直上涨至我们的止损位置，那么，这种情况又会对我们的"账户"产生什么影响呢？结合此前已经撤出的三分之一仓位收益，让我们再次做一个计算：

1. 剩余的仓位总计：在 549.99 美元/股的位置卖出 4 股谷歌股份；
2. 如果价格达到 620.89 美元/股，在止损位卖出剩余 4 股。
3. 损失 =（4×\$70.90）= \$283.60。

这显然就是一个收支平衡的情景。我们所希望做到的就是保护和保存我们的资本。我们需要找到和确定收支平衡的离场价格，即使市场在剩余仓位的表现未如预期，但在这个位置我们的最初收益将能够保全整个仓位的财产。尽管我们止损了，但不至于被市场扫地出门（见图9-5）。

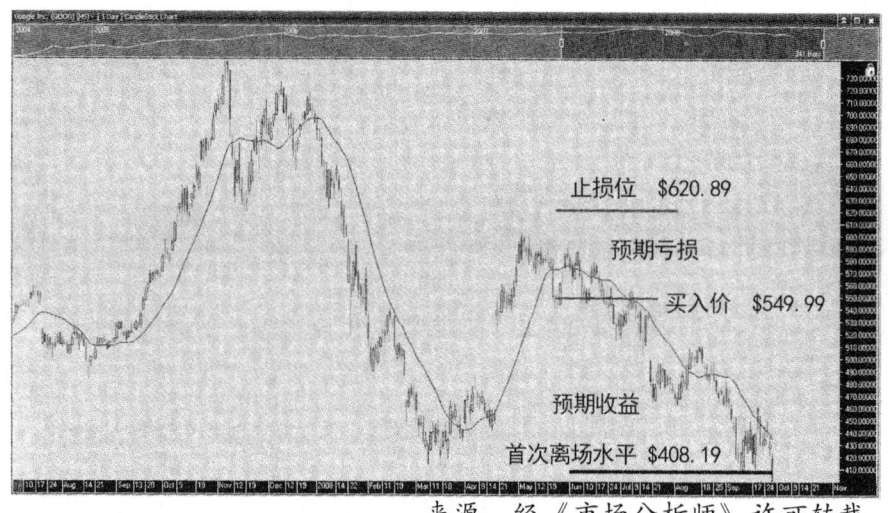

来源：经《市场分析师》许可转载

图9-5 在首次收支平衡目标位离场

我们为何要坚持这条准则？有非常强烈的心理因素：

第一条理由是，它满足了我们把收益收入囊中的内在渴望，也就是说，我们需要感觉和经历盈利交易的快乐；我们已经做到的是构建了这一策略，从而做到在收支平衡下快乐离场。

第二个理由是，这样做让我们可以处于无压力的处境，在这次交易上我们不会再有任何损失，那么我们将能够构建核心收益离场位，这个核心收益离场位同样来自我们对市场行为的理解，由于我们处于零损失的位置，我们能冷静地等待市场出现我们预期的情况，而我们想要的就是得到核心收益离场位。我们能使用

第9章 风险、资金和交易管理

什么工具去判定核心收益离场位呢？我们打算引入斐波纳契扩张比值去判定优质的离场位，在那个位置上脉冲浪的表现会更加成熟。

下面，我们对这个阶段作一个简单的回顾：最初的一波下跌脉冲浪将原有的高点不断刷新，低点不断抬高的上涨趋势打破，我们将把这个下跌浪标记为XA；然后，我们等待一波超跌反弹在B点结束，基于第一类趋势形态，我们启动卖出交易，同时使用斐波纳契扩张比值方法画图，把B点的高位连接到C点离场目标位（见图9-6）。

注意看，位于0.618扩展线水平上那条短的斐波纳契线，非常接近我们首次离场位。中等的斐波纳契点已经绘画在图表上，但将见于图9-7。我们将把核心收益的买入指令设定在$268.25，这就是中等的斐波纳契收益点位的价格水平。

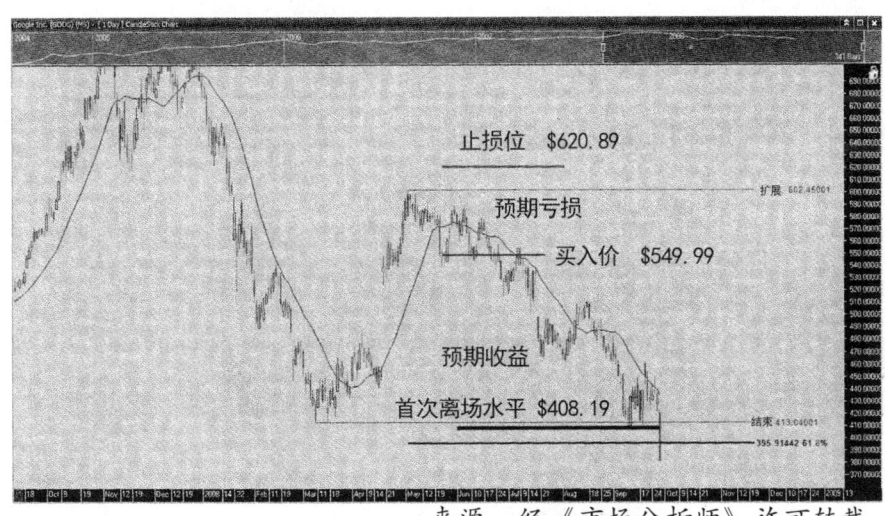

来源：经《市场分析师》许可转载

图9-6 核心收益位

来源：经《市场分析师》许可转载

图 9-7 核心收益位

正如第一类趋势形态预测那样，延续的脉冲浪得到了正常或中等的斐波纳契目标位，我们及时地撤出了最初的三分之一仓位。下面来计算一下我们的收益：

1. 持有谷歌股份的 6 张空单。

2. 在首次离场位置时买入 2 股，并获得 $283.60 的收益，同时仍然保留 4 张空单。

3. 核心收益离场位要求我们在 $268.25 位置买入 2 股以减少部分空单，一旦核心利益体现，我们将还有 2 股空单。

4. 核心收益 = 2×（$549.99 - $268.25）= $563.40

5. 在这个阶段，我们的总收益是首次离场收益和核心收益的总和。目前的收益是 $847 元。

至此，我们知道依然还有 2 股空单在手。我们将期待趋势会如预期般发展，并继续持有空单的仓位。接下来，我们运用的准则将是把止损位调整至买入价，这样即使市场突然地和极端地与我

第9章 风险、资金和交易管理

们的预期相违背,在剩下的三分之一仓位中我们也不会损失任何资金。

只要我们合理地相信主要趋势可能会继续,那么我们将期待顺着主要趋势的方向上建立新的仓位。继续回顾和分析市场的行为是非常重要的,这是因为一旦我们意识到所期待持续趋势的发生概率是大于不可能的概率时,我们也需要处理剩余的空单。

当市场的行动继续进行时,我们会观察到RSI-14值是在60以上,除此以外,我们也注意到MA21正处于大起大落形态,这预示着我们所希望看到的持续向下趋势不太可能发生。事实上,我们需要掂量MA21处于潜在的上升趋势的可能性。接下来意味着我们或者需要全仓撤离,因为看空的理由已经不再充分了。

因为我们仍然有2股以\$549.99/股买入的空单,现在以\$401/股的价格离场,依然是有利可图的(见图9-8)。

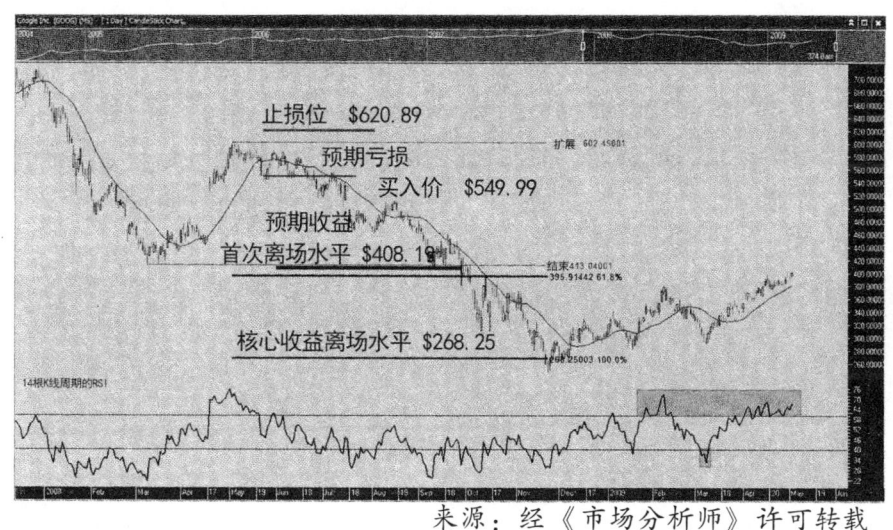

来源:经《市场分析师》许可转载

图9-8 交易离场条件

我们最终在操作谷歌股票中的收益将是首次离场收益，核心收益和最后离场收益的总和。

我们需要明白的关键点是，我们是通过三阶段的操作完成交易，而每次的离场都是减少三分之一的仓位；同时，只要对我们期待的趋势有合理的信心，我们也在期盼着增加新的仓位。我们将运用相同的风险管理和交易管理法则到任何新增交易，这将使我们安全地建仓并在盈利的状态下运用金字塔式加仓。

也许在这个阶段，我们更适合去讨论大部分失败者是如何和为何增加他们的交易仓位：通常的情况是，交易者出现了一个亏损的仓位，假定典型的失败交易者在124.18美元的位置已经买入了XYZ，因为他的分析预示着XYZ能可能涨至135.15美元，但是，当市场不涨反跌时，交易者不仅没有选择立即接受损失，而是在市场跌到更低的价位时用金字塔加仓法，摊平持仓成本，价格在108.96美元时，他的仓位已经增加了一倍，希望市场能够回到他原来设想的上涨路径，这样他就可以减少损失，甚至获得一笔可观的盈利，毕竟，他认为124.18美元是一个比较好的买入价位，符合价值投资的原则，因此，市场跌到108.96美元后，更加是一个性价比高的买入价位。然而，在这个案例里，市场继续下跌，如图9-9所示，由于他的交易仓位过重，损失变得更加惨烈。

只有当交易者的钱都是自己的而不是从他人那里募集或者借来的，他才能容忍这样惨烈的损失，也就是说，他的交易必须没有杠杆，这样，就算最坏的情况出现，XYZ的价格跌为0，他最多也就是损失100%的本金。当然，损失全部本金确实是很惨痛的，但只要没有借贷，至少他不会背负一身债务。

第9章 风险、资金和交易管理

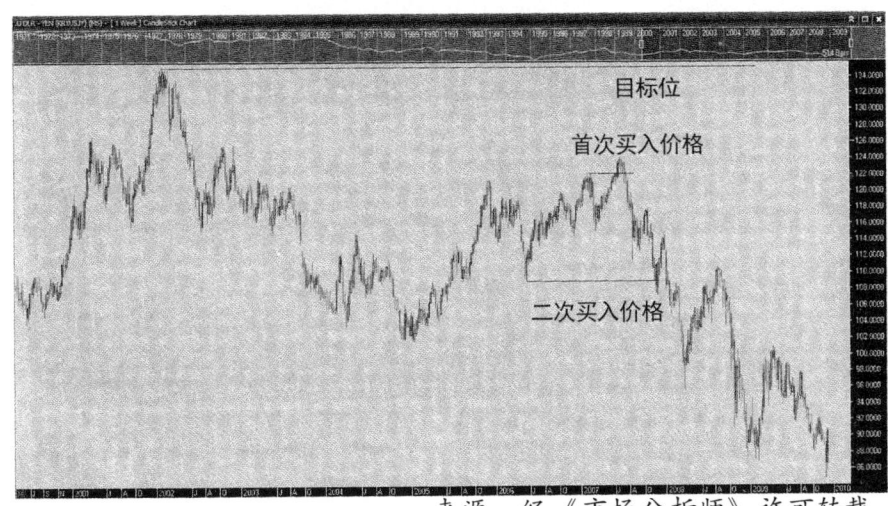

来源：经《市场分析师》许可转载

图 9-9 永远不要为了摊平成本而在亏损时加仓

然而，当交易者使用保证金交易方式时，如果仍然采取这种加仓方法摊低成本，就会出现较大的问题——这种保证金交易方式可以说是双刃剑，如果交易正确，因为使用了杠杆，利润会被成倍扩大；然而，交易失误的时候，亏损同样被成倍放大，这可能会是致命的亏损。

第10章　关于交易心理学

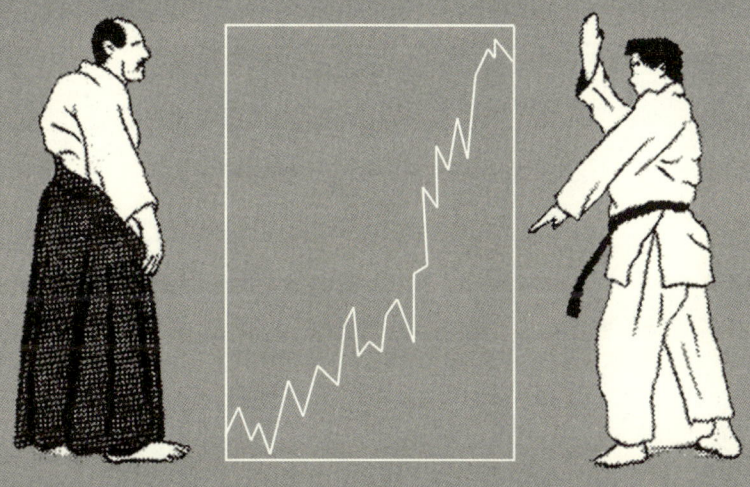

第10章 关于交易心理学

首先我必须要承认，我不是交易心理学方面的专家，但我可以推荐两个在这一领域非常知名的专业人士（当然，这一特定的领域还有很多其他专家，读者可以根据自己的个性要求、交易风格和环境情况选择合适的权威人士，学习相关理论）。

我要推荐的第一位专家，是布雷特·斯蒂恩博格博士，他在交易心理学方面写过好几本非常棒的书，他还有一个供大众自由访问的公开博客，专门就这一话题发表一系列文章；丹尼斯·沙尔是另一位我推荐的专家，他们两位都曾经成功帮助过很多专业交易者。

在《21条颠扑不破的交易真理》一书中，作者约翰·海登通过大量统计数据证明，市场上95%的交易者是亏钱的，只有5%的交易者能够长期持续盈利。

为什么？简单的答案就是，人类的本性是趋乐避苦的。人类的心理倾向于付出很少努力就能立即获得成功，甚至不劳而获。

但不幸的是，现实告诉我们，成功需要我们付出巨大的努力。

因此，要成功，必须寻找一种方法来克服内心的障碍。

我们需要根据自身对成功的定义及愿景，设定一系列清晰的目标，而这些目标必须对我们个人有着深刻的意义。这一点非常关键，因为如果没有对成功的愿景，以及根据自身情况设定的具体目标，我们就很容易被现实中必然遇到的挫折和困难所打败，交易尤其如此。

当然，要设定一套属于自己的具体目标和成功的愿景并不容易，主要是因为这一过程本质上比较主观。我们需要深度挖掘自我，寻求这些关键问题的答案。在寻求我们自身对成功的真实愿景的过程中，我们会遇到很多无意识的阻力，此时，或许我们需要专业的帮助来挖掘真正激励我们的深层次需求。

除了对成功的愿景以及制定具体的目标外，我们还需要理解学习的过程。神经学科的快速发展，帮我们寻求并解释了怎样大幅加快我们的学习速度——丹尼尔·科伊尔的《天才密码》一书就介绍了天才是如何炼成的。

科伊尔主要介绍了"深度训练"的概念，它有效地将需要训练的技巧分解成很多部分。不断练习这些小的组成部分、纠正犯错，人就能实现技巧的提升。这些组成部分能够组合成较为复杂的任务或者流程，就好像"武林秘笈"也是通过一招一式的传授和学习才能练成一样。

科伊尔还强调了激励的过程，这对天才的炼成至关重要。人类大脑的前额叶皮层需要大量的能量来为长期目标的完成提供支持。如果没有持续激励的过程，大脑很容易进入放空状态，自动选择处理需要更少能量、更少精力、更少牺牲、更少痛苦的事情。显然，在这种状态下是很难完成长期目标的。

此外，我们需要一个能帮助我们完成持续激励过程的好教练。好的教练还能够向我们传授高质量、有效的方法，发现并指出学生在学习中犯的错误。通过对犯错的反馈并监督纠错的过程，好的教练能够帮学生大幅度加快学习进度，更好地掌握知识。

总　结

一个合格的合气交易者，需要掌握以下核心的哲学理念、信念、特质以及交易原则：

对成功的信念

成功的合气交易者必须首先相信，通过交易从市场中获利是可行的。

同时，他要相信自己是能够成功的。

最重要的是，他付出了足够多的时间、精力以及资源，去争取成功。

交易成功有三大技术支柱，尽管三个支柱都是成功的必须条件，但它们的重要程度并不一样。

对市场的认知

这一支柱让我们能够准确地判断趋势和发现价值所在。这一部分的数量掌握决定了我们交易计划的清晰度。

1. 首先我们需要判断趋势。
2. 然后我们问自己，目前的趋势会持续还是会改变？
3. 上述两个问题决定了我们的立场。
   a. 在持续上涨的市场里，我们的交易策略只能是买入做多。
   b. 在持续下跌的市场里，我们的交易策略只能是卖出做空。
   c. 如果目前的趋势面临重大的支撑位或者阻力位的阻挠，趋势可能会转为区间震荡，甚至完全转向，这时我们可以寻求反趋势交易法。

如果用日本合气交易法的说法，就是我们要明白当前市场的趋势，然后与市场融为一体。

对市场的认知还能帮助我们定位高成功概率低风险的操作区域，在这一区域中入场能有效地提高我们的成功概率。在上涨的趋势里，我们寻找在低位买入的机会，在下跌的趋势里，我们寻找在高位卖出的机会。有了对市场的准确认知，我们能大大提高盈利的概率。

不过，合格的合气交易者要知道，对市场的认知能力只占整个成功公式的10%的权重，也就是说，尽管它很重要，但仍然不是最重要的因素。

风险、资金和交易管理

这是成功的另一大支柱因素。如果忽略或者打破这一原则，我们就会遭遇较大的财务风险。大部分的巨额亏损都是因为对盈利预期过于乐观，而忽略了潜在的风险。资金和交易管理可以用一些数学公式来表达，因此本质上较为简单。请记住，运用这些公式也只是用来提高我们生存的概率而已，风险、资金和交易管理这方面的因素权重设定为30%。

同样，风险和资金管理的方案必须搭配一套有效的、被证明长期来看有盈利优势的交易计划；否则，一套倾向于亏损的交易计划即便有好的风险和资金管理办法，结果也只是耗尽资金，就好像一个武士慢慢地流血，然后死去，这显然不是通往成功的方法。

盈利的逻辑

在成功的三大支柱中，这是最重要，占60%权重的因素。在本书里，我们介绍了一些从武术中借用过来的重要概念和特质，这些概念和特质帮助我们养成成功所需的好习惯，提高我们对盈利逻辑的形成过程的认识和练习。

为什么盈利逻辑如此重要？如果在交易中的外部敌人是市场的话，内部敌人就是我们自己。非常关键的是，我们要理解交易中人的情绪因素。还记得吗？人类最根本的本性就是趋乐避苦。人类大脑的前额叶皮层需要大量的能量来克服惰性。如果没有持续的、足够的激励，我们会变得什么都不想做。这些是基本的事实，

第10章 关于交易心理学

也对我们的交易行为以及学习交易的过程有一些启示。

因此,交易成功的公式可以这样描述:

交易的成功 = 对市场的认知 × 资金管理 × 盈利逻辑

注意,公式里链接个因素的运算符号是乘号,因此,如果任何一个支柱因素是0,成功的概率就为0。

在武术练习过程中,师傅们一般会要初学者不断练习某个基本的招式,因为只有通过不断练习,才能将这些基本招式的动作变成本能的条件反射,最终才能将这些融入本能反射的动作组合成复杂的技巧。当然,这样做有一个缺点,就是学生的认知较为片面,容易陷入盲目的自信,而且招式方面过于固化。俗话说,一知半解是最危险的状态,这种状态下容易将眼前的情况都往自己学过的招式里套用。实际上,我们需要首先评估当前真实的情况是否符合我们学过的情况,然后再考虑如何应对。同样,合气交易者也应该明白这个道理:我们没办法强迫市场按照我们学习过的形态或者设置条件来走,相反,我们需要首先评估市场情况,判断市场是否符合我们学过的形态,然后再来使用这些形态下应该使用的技巧。因此,问题的关键是,我们需要正确地判断市场情况,选择能够给我们高成功概率低风险的入场机会的方法;同时,我们要明白,这样的机会不是经常出现的,需要耐心的等待——一旦这样的机会真正出现,要牢牢把握,果断出击。无论是武术练习,还是交易练习,耐心和果断都是需要培养的必不可少的特质。

还有一种理解交易的方法,就是把金融市场比作黑暗的宇宙,而我们这些交易的初学者就好像是充满恐惧和迷茫的探索者。我们的第一反应就是要多学知识。知识就好像我们手中的光源,我们只有在能看清的地方交易,才能有更大的成功概率。对于黑暗的交流，我们应该避免乱闯，因为我们看不清，很容易就陷入危险状态。只有学习更多的知识，获取更多的光源，才能看清这个世界——光越强，我们能够看清的范围也就越大，这样也就增加了高质量、低风险的交易机会。

写作本书也正是抱着这样的目的，我希望为广大初学者带来照亮黑暗宇宙的一束光。如果我们坚持练习，不断提高对市场的认知、提高对本书提及的一些概念的执行能力，我们就能够继续采集更多的光源，就能看懂更多市场行为。

加油，祝好运！